Poemas escolhidos

SÉRIE **L&PM** POCKET **PLUS**

24 horas na vida de uma mulher – Stefan Zweig
Alves & Cia. – Eça de Queiroz
À paz perpétua – Immanuel Kant
As melhores histórias de Sherlock Holmes – Arthur Conan Doyle
Bartleby, o escriturário – Herman Melville
Cartas a um jovem poeta – Rainer Maria Rilke
Cartas portuguesas – Mariana Alcoforado
Cartas do Yage – William Burroughs e Allen Ginsberg
Continhos galantes – Dalton Trevisan
Dr. Negro e outras histórias de terror – Arthur Conan Doyle
Esboço para uma teoria das emoções – Jean-Paul Sartre
Juventude – Joseph Conrad
Libelo contra a arte moderna – Salvador Dalí
Liberdade, liberdade – Millôr Fernandes e Flávio Rangel
Mulher no escuro – Dashiell Hammett
No que acredito – Bertrand Russell
Noites brancas – Fiódor Dostoiévski
O casamento do céu e do inferno – William Blake
O coronel Chabert seguido de A mulher abandonada – Balzac
O diamante do tamanho do Ritz – F. Scott Fitzgerald
O gato por dentro – William S. Burroughs
O juiz e seu carrasco – Friedrich Dürrenmatt
O teatro do bem e do mal – Eduardo Galeano
O terceiro homem – Graham Greene
Poemas escolhidos – Emily Dickinson
Primeiro amor – Ivan Turguêniev
Senhor e servo e outras histórias – Tolstói
Sobre a brevidade da vida – Sêneca
Sobre a inspiração poética & Sobre a mentira – Platão
Sonetos para amar o amor – Luís Vaz de Camões
Trabalhos de amor perdidos – William Shakespeare
Tristessa – Jack Kerouac
Uma temporada no inferno – Arthur Rimbaud
Vathek – William Beckford

Emily Dickinson

Poemas escolhidos

Seleção, tradução e introdução de IVO BENDER

Edição bilíngue

www.lpm.com.br

L&PM POCKET

Coleção **L&PM** POCKET, vol. 436

Texto de acordo com a nova ortografia.

Primeira edição na Coleção **L&PM** POCKET: junho de 2007
Esta reimpressão: novembro de 2024

Tradução: Ivo Bender
Capa: Ivan Pinheiro Machado. *Ilustração*: iStock
Revisão: Jó Saldanha

D553p

Dickinson, Emily, 1830-1886.
    Poemas escolhidos / Emily Dickinson; tradução de Ivo Bender. – Porto Alegre: L&PM, 2024.
    128 p. ; 18 cm. – (Coleção L&PM POCKET; v. 436)

    Edição bilíngue: inglês-português.
    ISBN 978-85-254-1562-2

    1.Literatura norte-americana-poesias. I.Título. II.Série.

CDU 821.111(73)-1

Catalogação elaborada por Izabel A. Merlo, CRB 10/329

© da tradução, L&PM Editores, 2005

Todos os direitos desta edição reservados a L&PM Editores
Rua Comendador Coruja, 314, loja 9 – Floresta – 90.220-180
Porto Alegre – RS – Brasil / Fone: 51.3225.5777

Pedidos & Depto. Comercial: vendas@lpm.com.br
Fale conosco: info@lpm.com.br
www.lpm.com.br

Impresso no Brasil
Primavera de 2024

EMILY DICKINSON
(1830-1886)

EMILY ELIZABETH DICKINSON nasceu em Amherst, Massachusetts, em 10 de dezembro de 1830. Começou seus estudos numa escola local e, aos dezessete anos, se matriculou no Mount Holyoke Female Seminary, um colégio para moças que abandonou menos de um ano depois, alegando problemas de saúde. Após essa experiência, optou pela reclusão e foi então que começou a escrever. Publicou seu primeiro poema no periódico *Springfield Republican*.

Em uma das poucas viagens que realizou, a poeta apaixonou-se pelo reverendo Charles Wadsworth, um amor que nunca foi correspondido. Dickinson viveu grande parte da vida na casa paterna, em um quase isolamento físico, e enfrentou diversas crises depressivas. As pessoas mais próximas da poeta foram seus irmãos, Lavinia e Austin, e a mulher dele, Susan Gilbert, que além de amigos eram parceiros intelectuais. Emily morreu de nefrite, em 1886, praticamente desconhecida do público. Após seu falecimento, a família encontrou entre seus pertences mais de 1750 poemas, escritos a partir de 1850.

Sumário

Introdução / 9
    A poesia de Dickinson / 10
    A tradução / 12

Poemas escolhidos / 15

Cronologia / 113

Bibliografia / 117

Contents / 118

Índice de primeiros versos / 119

Introdução

Ivo Bender

Em maio de 1886, após a morte de Emily Dickinson, sua irmã Lavinia encontra alguns cadernos, feitos de papel de carta, entre os pertences deixados pela poeta. Ali se achava a quase totalidade de sua obra, composta de 1.775 poemas, escritos entre 1850 e o ano de sua morte. Parte desse material achava-se organizado por Emily e, a partir dele, foi possível estabelecer uma cronologia aproximada de sua criação.

Emily transitou por todos os grandes temas do gênero poético. Por isso, seus primeiros editores agruparam os poemas em blocos que receberam títulos definidores: "Vida", "Amor", "Natureza", e "Tempo e Eternidade".

Embora nunca tenha sido publicada em vida, a não ser em colunas literárias de jornais e, mesmo assim, rarissimamente, a entusiástica recepção à primeira antologia (1890) levou seus editores a lançarem duas novas edições, em 1891 e em 1896.

Ironicamente, seu primeiro editor foi Thomas W. Higginson, que conhecera Emily por terem ambos mantido correspondência, no curso da qual a poeta solicitara sua opinião crítica. Higginson, editor de jornal e ele próprio poeta, a aconselhou a não publicar. Além de diferentes aspectos reprováveis que dizia encontrar em sua poesia, Higginson afirmou que Emily possuía uma "escrita espasmódica". Posteriormente, ao publicar a primeira antologia, Higginson ainda "corrigiu" os poemas e aplainou rimas e sonoridades. Verteu, também, para o inglês padrão certas características da linguagem oral da Nova Inglaterra e que a poeta tranquilamente empregava ao escrever.

Já em meados do século XX, os estudiosos da obra de Dickinson empenharam-se na busca da forma original de sua escrita. Entre esses acadêmicos, destaca-se Thomas H. Johnson, a cujo paciente trabalho deve-se a restauração definitiva dos poemas, bem como a publicação de suas variantes.

A poesia de Dickinson

Até o momento, os especialistas defendem diferentes pontos de vista, na tentativa de situar a poeta dentro desta ou daquela tendência literária. Sua poesia é, pois, definida como pertencente a movimentos tão díspares como o dos poetas transcendentalistas, dos metafísicos ou dos surrealistas, não faltando quem tenha comparado sua produção aos textos criados por pessoas portadoras de distúrbios mentais. O fato é que a absoluta liberdade da poeta no manejo do idioma, o amplo leque temático de que lançou mão, o solene desrespeito ao rigor das rimas e das formas, o constante ir e vir por temas como o amor e a morte, o êxtase e o desespero, a aceitação dos ditames divinos ou o afrontamento à figura de Deus levam-na a criar uma obra em que diferentes assuntos podem entrecruzar-se e, muitas vezes, coexistir. Por outro lado, o que certa crítica denuncia como morbidez – quando Dickinson trabalha com a ideia de morte – apenas revela a intimidade da poeta com o que desde sempre assombra o homem: sua finitude. Essa mesma finitude que, para os gregos, traduz basicamente o caráter incompreensível dos deuses ou da Moira, será vista por Dickinson como danação, prêmio ou, ainda, como esperança de reencontro com aqueles seres que, de um modo ou de outro, fizeram parte de sua constelação de afetos.

No entanto, se por um lado a presença da morte surge de maneira soturna e reiterativa, a celebração da vida confere um frescor alegre e, muitas vezes, rebelde à sua obra. Essa lufada vital vem impregnada de imagens recolhidas das estações que se sucedem ao longo do ano, dos crepúsculos, dos animais selvagens – esquilos, tigres ou serpentes –, dos ventos, das águas, da borboleta e da abelha, das tempestades ou dos objetos e coisas que se encontram no ambiente doméstico – armas de fogo, tapeçarias, teias de aranha, porões, desvãos, poeira, vassouras, broches... Tudo isso transfigurado por uma sensibilidade aguda e trabalhado com a obsessão de um alquimista à procura de seu ouro.

A TRADUÇÃO

Na presente transcrição, buscou-se um termo intermediário entre uma versão mais solta e aquela que procura se manter, dentro das possibilidades oferecidas pelo ato de verter, mais "aderida" ao texto original. Desse modo, procurou-se evitar duas coisas: a excessiva distância em relação aos originais e, por outro lado, a versão truncada, quando não incompreensível, que resulta normalmente da vontade de permanecer "colado" ao poema em seu idioma de partida.

No caso de Dickinson, as dificuldades se acentuam pelo caráter minimalista, para não dizer lacônico, que a autora imprime a grande parte de sua produção. Tal despojamento, que redunda em economia e consequentemente em densidade poética, dificilmente pode ser preservado na passagem para o português.

Fez-se também necessário, em alguns poemas, trabalhar com equivalentes para nomes de aves, plantas ou flores desconhecidas ou raramente referidas entre nós. Por isso, *phoebe* aparece como pintassilgo, *bobolink*, como narceja, e *goldenrod*, como dália. Já no poema *Its Little Ether Hood* ocorre algo semelhante: o termo *dandelion* – dente-de-leão, em português – foi traduzido por outro nome, embora este seja de uso menos corrente.

Nesta antologia, os poemas foram agrupados em blocos que, de certa maneira, seguem de perto aqueles títulos definidores anteriormente referidos. Ainda, foram eliminados, em parte, os travessões tão peculiares à escrita da poeta, mas cuja função ainda está por ser definida pela crítica. O mesmo ocorreu com as maiúsculas nas iniciais de palavras, quando essas se situam no corpo dos versos.

Finalmente, foi dada preferência a poemas que, em sua maioria, ainda não tenham circulado em tradução, tais como *The Grass so little has to do*, *These are the days when Birds come back*, *That sacred Closet when you sweep*, *I envy Seas whereon He rides*, *How Lonesome the wind must feel Nights* e *I had not minded – Walls*, entre outros. A esses foram somados alguns clássicos, entre os quais sobressaem *There is a June when Corn is cut*, *I felt a Funeral in my Brain* e *I died for Beauty – but was scarce*.

Junho de 2004

Poemas escolhidos

The Grass so little has to do –
A Sphere of simple Green –
With only Butterflies to brood
And Bees to entertain –

And stir all day to pretty Tunes
The Breezes fetch along –
And hold the Sunshine in its lap
And bow to everything –

And thread the Dews, all night, like Pearls –
And make itself so fine
A Duchess were too common
For such a noticing –

And even when it dies – to pass
In Odors so divine –
Like Lowly spices, lain to sleep –
Or Spikenards, perishing –

And then, in Sovereign Barns to dwell –
And dream the Days away,
The Grass so little has to do
I wish I were a Hay –

◆

Bem pouco a fazer tem o pasto:
Reino de irrestrito verde,
Só tem borboletas para criar,
E abelhas para entreter –

E ondular o dia inteiro aos sons
Que a brisa consigo arrasta;
Cumprimentar a todas as coisas
E embalar, ao colo, a luz solar –

Fazer com rocio, à noite, colares de pérola,
Compostos com tal requinte,
Que uma fidalga não saberia
Perceber a diferença –

E acabar-se, ao fenecer,
Por entre aromas divinais
De especiarias dormidas
Ou de agonizantes nardos –

Quedar-se, por fim, em nobres celeiros
E, pelo sonho, levar a escoar-se o tempo;
Bem pouco a fazer tem o pasto,
Feno eu quisera ser –

◆

There are two Ripenings – one – of sight –
Whose forces Spheric wind
Until the Velvet product
Drop spicy to the ground –
A homelier maturing –
A process in the Bur –
That teeth of Frosts alone disclose
In far October Air.

◆

There is a June when Corn is cut
And Roses in the Seed –
A Summer briefer than the first
But tenderer indeed

As should a Face supposed the Grave's
Emerge a single Noon
In the Vermilion that it wore
Affect us, and return –

Two Seasons, it is said, exist –
The Summer of the Just,
And this of Ours, diversified
With Prospect, and with Frost –

May not our Second with its First
So infinite compare

Há duas maturações – uma visível –,
Cujas forças giram em círculo
Até que o aveludado fruto
Caia aromático ao solo;
E um maturar mais recluso
Dentro da vagem espinhosa,
Que os dentes da geada rompem
No distante ar de outubro.

◆

Há certo mês de junho em que se corta o trigo
E as rosas na semente –
É um verão mais breve que o primeiro,
Porém mais suave, certamente,

Como se um rosto, dado por sepulto,
Na erma tarde emergisse
E em refulgências envolto
Nos afetasse e partisse.

Há duas estações, dizem –
O verão dos justos
E este nosso, diferenciado,
De esperanças feito, e de geadas.

Não podíamos o nosso ao primeiro
De tal modo justapor

That We but recollect the one
The other to prefer?

◆

The morns are meeker than they were –
The nuts are getting brown –
The berry's cheek is plumper –
The Rose is out of town.

The Maple wears a gayer scarf –
The field a scarlet gown –
Lest I should be old fashioned
I'll put a trinket on.

◆

Purple –
The Color of a Queen, is this –
The Color of a Sun
At setting – this and Amber –
Beryl – and this, at Noon –

And when at night – Auroran widths
Fling suddenly on men –
'Tis this – and Witchcraft – nature keeps
A Rank – for Iodine –

◆

Que um deles relembrássemos
Tão só para escolher o outro?

◆

As manhãs estão mais suaves,
Mais sazonadas, as nozes;
Os mirtilos, mais carnudos,
E ausente se encontra a rosa.

O bordo ostenta um lenço mais alegre,
A campina, uma saia escarlate;
Para não estar fora de moda,
Vou tratar de me enfeitar.

◆

Púrpura –
A cor das rainhas é esta –
A cor de um sol, no poente;
Ainda, além dessa, o âmbar;
E o berilo – se o dia vai a meio.

Mas quando à noite amplidões de aurora
Atingem de súbito os homens –
Essa cor, e o feitiço. A Natureza, porém,
Reserva ainda um lugar para os cristais de iodo.

◆

These are the days when Birds come back –
A very few – a Bird or two –
To take a backward look.

These are the days when skies resume
The old – old sophistries of June –
A blue and gold mistake.

Oh fraud that cannot cheat the Bee –
Almost thy plausibility
Induces my belief.

Till ranks of seeds their witness bear –
And softly thro'the altered air
Hurries a timid leaf.

Oh Sacrament of summer days,
Oh Last Communion in the Haze –
Permit a child to join.

Thy sacred emblems to partake –
Thy consecrated bread to take
And thine immortal wine!

◆

Eis os dias em que voltam os pássaros –
Muito poucos – um pássaro ou dois,
Para um último olhar.

Eis os dias em que os céus refazem
Os velhos sofismas de junho –
Um equívoco azul-dourado.

Ó fraude que não engana a abelha –
Tua plausibilidade por pouco
Não me convence.

A semeadura, porém, dá seu testemunho –
E suave, pelo ar alterado,
Apressa-se uma folha xucra.

Ó sacramento dos dias estivais,
Ó última ceia entre névoas –
Deixai que uma criança comungue

E partilhe vossos signos sacros –
Que tome do vosso consagrado pão
E do vosso vinho imortal!

♦

The name – of it – is "Autumn" –
The hue – of it – is Blood –
An Artery – upon the Hill –
A Vein – along the Road –

Great Globules – in the Alleys –
And Oh, the Shower of Stain –
When Winds – upset the Basin –
And spill the Scarlet Rain –

It sprinkles Bonnets – far below –
It gathers ruddy Pools –
Then – eddies like a Rose – away –
Upon Vermilion Wheels –

◆

There is an arid Pleasure –
As different from Joy –
As Frost is different from Dew –
Like element – are they –

Yet one – rejoices Flowers –
And one – the Flowers abhor –
The finest Honey – curdled –
Is worthless – to the Bee –

◆

Conhecido por "outono",
Ostenta um matiz sanguíneo;
Por sobre a colina, uma artéria,
Veias beirando o caminho.

Nas aleias, grandes glóbulos
E – oh! – o aguaceiro colorido
(Se os ventos entornam a cisterna
E a chuva escarlate é vertida)

Respinga os chapéus e forma
Poças rubras, lá embaixo;
Vai-se, então, qual rosa em torvelinho
Sobre rodas encarnadas.

◆

Existe um árido prazer
Que da alegria difere
Como o gelo, do rocio –
Embora o mesmo elemento sejam.

Para a flor, o orvalho é festa,
E a geada é desprazer –
O mais fino mel congelado
Não tem valor para a abelha.

◆

Besides the Autumn poets sing
A few prosaic days
A little this side of the snow
And that side of the Haze –

A few incisive Mornings –
A few Ascetic Eves –
Gone – Mr. Bryant's "Golden Rod" –
And Mr. Thomson's "sheaves."

Still, is the bustle in the Brook –
Sealed are the spicy valves –
Mesmeric fingers softly touch
The Eyes of many Elves –

Perhaps a squirrel may remain –
My sentiments to share –
Grant me, Oh Lord, a sunny mind –
Thy windy will to bear!

◆

The day grew small, surrounded tight
By early, stooping Night –
The Afternoon in Evening deep
Its Yellow shortness dropt –
The Winds went out their martial ways
The Leaves obtained excuse –
November hung his Granite Hat
Upon a nail of Plush –

Além do outono, os poetas cantam
Uns poucos dias prosaicos,
Um tanto este lado da neve
E, da neblina, o outro lado –

Poucas manhãs incisivas –
Noites ascéticas, poucas –
Terminaram-se as dálias de Mr. Bryant –
E as medas de Mr. Thomson.

Aquietou-se o rumor no regato,
Fechadas estão as vagens-de-cheiro;
Dedos mesméricos tocam suaves
Os olhos de muitos elfos.

Talvez permaneça um esquilo,
Com quem partilhe minhas aflições –
Dá-me, Senhor, uma ensolarada mente
Para suportar Teu desejo tormentoso!

◆

Tornou-se mais breve o dia, limitado
Por noite precoce e cingidora;
Em denso escurecer, a tarde
Deixou cair sua concisão de ouro;
Os ventos seguiram seus marciais caminhos,
As folhas se desprenderam
E novembro pendurou seu chapéu de granito
Em prego de terciopelo.

It sifts from Leaden Sieves –
It powders all the Wood.
It fills with Alabaster Wool
The Wrinkles of the Road –

It makes an Even Face
Of Mountain, and of Plain–
Unbroken Forehead from the East
Unto the East again –

It reaches to the Fence –
It wraps it Rail by Rail
Till it is lost in Fleeces –
It deals Celestial Vail

To Stump, and Stack – and Stem –
A Summer's empty Room –
Acres of Joints, where Harvests were,
Recordless, but for them –

It Ruffles Wrists of Posts
As Ankles of a Queen –
Then stills its Artisans – like Ghosts –
Denying they have been –

◆

Filtrada por crivos de chumbo*,
Deixa o bosque inteiro empoado
E, com lã de alabastro, preenche
Os sulcos da estrada.

Transforma planícies e montes
Em ininterrupta face –
Fronte inteiriça que se estende do leste
Até ao leste retornar.

Alcança a cerca
E lhe envolve, um a um, os sarrafos
Até que entre velos se perca.
Lança um véu celestial

Sobre moirões, medas e ramos;
Um vazio recinto estival –
Acres alinhavados onde houve colheitas
Já esquecidas, mas pelos campos lembradas.

Forma rufos no punho dos postes,
Como em tornozelos de rainha –
Depois, silencia seus artesãos feito espectros
E nega terem existido.

---
* Seguimos a orientação de Thomas H. Johnson, que, ao organizar e editar a obra da poeta em *The Complete Poems of Emily Dickinson*, não nomeia este poema. Entretanto, informamos ao leitor que anteriormente, na primeira edição de *Poems* (1890) e nas subsequentes, os organizadores lhe haviam dado o bastante esclarecedor título de "The Snow" (A neve). (N.T).

◆

When Diamonds are a Legend,
And Diadems – a Tale –
I Brooch and Earrings for Myself,
Do sow, and Raise for sale –

And tho' I'm scarce accounted,
My Art, a Summer Day – had Patrons –
Once – it was a Queen –
And once – a Butterfly –

◆

The Spider holds a Silver Ball
In unperceived Hands –
And dancing softly to Himself
His Yarn of Pearl – unwinds –

He plies from Nought to Nought –
In unsubstantial Trade –
Supplants our Tapestries with His –
In half the period –

An Hour to rear supreme
His Continents of Light –
Then dangle from the Housewife's Broom –
His Boundaries – forgot –

◆

◆

Quando os diamantes são mito
E os diademas, uma lenda,
Broches e brincos semeio
E cultivo para venda.

E embora meu parco renome,
Minha obra – um dia estival – já teve mecenas:
Primeiro, foi uma rainha;
Depois, uma borboleta.

◆

A aranha traz uma bola de prata
Nas mãos que não se veem
E ao dançar, leve e sozinha,
Desata seu perolado novelo.

Com artes imateriais,
De nada em nada vai tecendo;
Sua trama supera as nossas,
Na metade do tempo.

Rapidamente levanta
Territórios luzidios,
Pendentes depois de uma vassoura –
Seus limites, esquecidos.

◆

The butterfly obtains
But little sympathy
Though favorably mentioned
In Entomology –

Because he travels freely
And wears a proper coat
The circumspect are certain
That he is dissolute –

Had he the homely scutcheon
Of modest Industry
'Twere fitter certifying
For Immortality –

◆

His Feet are shod with Gauze –
His Helmet, is of Gold,
His Breast, a Single Onyx
With Chrysophrase, inlaid.

His Labor is a Chant –
His Idleness – a Tune –
Oh, for a Bee's experience
Of Clovers, and of Noon!

◆

A borboleta desfruta
De bem pouca simpatia,
Embora com louvor citada
Na entomologia.

Por viajar livremente
E vestir uma bata apropriada,
Os circunspectos têm certeza
De que é uma devassa.

Mas se usasse o banal escudo
De uma ocupação trivial,
O justo endosso obteria
Para a Imortalidade.

✦

Calçados de bruma estão seus pés –
Seu elmo é forjado em ouro
E seu torso é um ônix inteiriço
Engastado de calcedônias.

O seu ofício é um salmo –
Seu vaguear é melodia –
Ó que vivências, para a abelha,
São o trevo e o meio-dia!

✦

Some such Butterfly be seen
On Brazilian Pampas –
Just at noon – no later – Sweet –
then – the License closes –

Some such Spice – express and pass –
Subject to Your Plucking –
As the Stars – You knew last Night –
Foreigners – This Morning –

◆

A Moth the hue of this
Haunts Candles in Brazil.
Nature's Experience would make
Our Reddest Second pale.

Nature is fond, I sometimes think,
Of Trinkets, as a Girl.

◆

Through the Dark Sod – as Education –
The Lily passes sure –
Feels her white foot – no trepidation –
Her faith – no fear –

Certa borboleta pode ser vista
– Graciosa – nos pampas do Brasil,
Somente ao meio-dia em ponto –
Depois, sua liberdade expira.

E uma especiaria, que eclode e fenece,
À mercê de tua colheita –
Como as estrelas que conheceste à noite
E que, pela manhã, te são alheias.

◆

Mariposas desta cor
Obsedam as velas no Brasil.
O labor da Natureza, lá, faz
Com que as nossas mais rubras pareçam pálidas.

Penso, às vezes, que a Natureza gosta
De, igual às meninas, usar berloques.

◆

Como disciplina,
Passa o lírio pelo solo negro;
Seu alvo rizoma não se abala
E sua fé nada teme.

Afterward – in the Meadow –
Swinging her Beryl Bell –
The Mold-life – all forgotten – now –
In Ecstasy – and Dell –

◆

Its little Ether Hood
Doth sit upon its Head –
The millinery supple
Of the sagacious God –

Till when it slip away
A nothing at a time –
And Dandelion's Drama
Expires in a stem.

◆

The Red – Blaze – is the Morning –
The Violet – is Noon –
The Yellow – Day – is falling –
And after that – is none –

But Miles of Sparks – at Evening –
Reveal the Width that burned –
The Territory Argent – that
Never yet – consumed –

Mais tarde, por entre a erva,
Balança a campânula de berilo;
A vida, entre torrões, esquecida agora,
Em êxtase e precipício.

✦

Em sua fronte se assenta
Pequena boina etérea,
Mutável, confeccionada
Por um Deus perspicaz,

Até se evolar e perder-se,
Um nada de cada vez –
E o drama do taraxaco
Chega ao fim na ponta de uma haste.

✦

Rubra queimada é a manhã –
Violeta, a tarde –
Amarela, agonizante está o dia –
E, depois, não há mais nada –

À noite, porém, milhas de centelhas
Revelam a vastidão incendiada –
Prateados territórios
Jamais consumidos por nada.

How lonesome the Wind must feel Nights –
When people have put out the Lights
And everything that has an Inn
Closes the shutter and goes in –

How pompous the Wind must feel Noons
Stepping to incorporeal Tunes
Correcting errors of the sky
And clarifying scenery

How mighty the Wind must feel Morns
Encamping on a thousand dawns
Espousing each and spurning all
Then soaring to his Temple Tall –

✦

I think that the Root of the Wind is Water –
It would not sound so deep
Were it a Firmamental Product –
Airs no Oceans keep –
Mediterranean intonations –
To a Current's Ear –
There is a maritime conviction
In the Atmosphere –

◆

À noite, como deve sentir-se solitário o vento
Quando todos apagam a luz
E quem possui um abrigo
Fecha a janela e vai dormir.

Ao meio-dia, como deve sentir-se imponente o vento
Ao pisar em incorpórea música,
Corrigindo erros do firmamento
E limpando a cena.

Pela manhã, como deve sentir-se poderoso o vento
Ao se deter em mil auroras,
Desposando cada uma, rejeitando todas
E voando para seu esguio templo, depois.

◆

Creio que é de água a raiz do vento,
Pois não soaria tão profundo
Se produzido pelo firmamento;
Os ares não contêm oceanos
Ou entonações mediterrâneas –
Mas, para o ouvido da corrente,
Há uma convicção marítima
Na atmosfera, por dentro –

◆

The Lightning is a yellow Fork
From Tables in the sky
By inadvertent fingers dropt
The awful Cutlery

Of mansions never quite disclosed
And never quite concealed
The Apparatus of the Dark
To ignorance revealed.

✦

"Morning" – means "Milking" – to the Farmer –
Dawn – to the Teneriffe –
Dice – to the Maid –
Morning means just Risk – to the Lover –
Just revelation – to the Beloved –

Epicures – date a Breakfast – by it –
Brides – an Apocalypse –
Worlds – a Flood –
Faint–going Lives – their Lapse from Sighing –
Faith – The Experiment of Our Lord –

✦

O raio é um garfo amarelo,
Por desatentas mãos deixado cair
De mesas postas no céu;
A espantosa cutelaria

De mansões jamais bem abertas,
Nem tampouco bem fechadas,
É aparato das trevas
À ignorância revelado.

◆

"Manhã" significa "ordenha" para o granjeiro –
Alvorecer, para o Tenerife –
Picar verdura, para a criada –
Manhã significa tão só perigo para o amante –
E apenas revelação para a bem-amada –

Os epicuristas têm, na manhã, o desjejum –
As noivas, um apocalipse –
Os mundos, uma inundação –
Vidas frágeis, o alívio de seus ais –
A Fé, a prova de Deus Pai.

◆

I was a Phoebe – nothing more –
A Phoebe – nothing less –
The little note that others dropt
I fitted into place –

I dwelt too low that any seek –
Too shy, that any blame –
A Phoebe makes a little print
Upon the Floors of Fame –

✦

Talk not to me of Summer Trees
The foliage of the mind
A Tabernacle is for Birds
Of no corporeal kind
And winds do go that way at noon
To their Ethereal Homes
Whose Bugles call the least of us
To undepicted Realms

✦

As if the Sea should part
And show a further Sea –
And that – a further – and the Three
But a presumption be –

Eu fui um pintassilgo, nada mais;
Pintassilgo, nada menos –
A pequena nota musical desprezada,
Em seu lugar a inscrevia.

Por andar tão junto ao solo,
Ninguém me procurava;
Era tão tímido que não me acusavam de nada –
Um pintassilgo deixa pegadas mínimas
No assoalho da fama.

◆

Não me fales de árvores estivais
A folhagem da mente
É tabernáculo de pássaros
De espécie incorpórea
E ventos à tarde nesse rumo sopram
Em busca de seus lares etéreos
Onde clarins convocam o mais humilde ser
Para indescritíveis reinos

◆

Se o mar, uma vez rasgado,
Outro, mais além, revelar
E esse, ainda outro, e os três
Forem suposição apenas

Of Periods of Seas –
unvisited of Shores –
Themselves the Verge of Seas to be –
Eternity – is Those –

◆

There is a Zone whose even Years
No Solstice interrupt –
Whose Sun constructs perpetual Noon
Whose perfect Seasons wait –

Whose Summer set in Summer, till
The Centuries of June
And Centuries of August cease
And Consciousness – is Noon.

◆

I dwell in Possibility –
A fairer House than Prose –
More numerous of Windows –
Superior – for Doors –

Of Chambers as the Cedars –
Impregnable of Eye –
And for an Everlasting Roof
The Gambrels of the Sky –

De mares periódicos
Desapossados de praias,
À beira dos mares do vir-a-ser,
Eis aí a Eternidade.

◆

Há uma zona de plácidos anos
E que nenhum solstício embaraça;
Seu sol produz um meio-dia perpétuo
E suas estações perfeitas aguardam.

Lá, o verão em verões se desdobra,
Até que séculos de junho acabem
Junto a séculos de agosto
E a consciência seja sempre plena tarde.

◆

Moro na possibilidade,
Casa mais bela que a prosa,
Com muito mais janelas
E bem melhor, pelas portas

De aposentos inacessíveis,
Como são, para o olhar, os cedros,
E tendo por forro perene
Os telhados do céu.

Of Visitors – the fairest –
For Occupation – This –
The spreading wide my narrow Hands
To gather Paradise –

✦

There's a certain Slant of light,
On winter Afternoons,
That oppresses, like the heft
Of Cathedral Tunes –

Heavenly Hurt, it gives us –
We can find no scar,
But internal difference,
Where the Meanings, are –

None may teach it – Any –
'Tis the Seal Despair –
An imperial affliction
Sent us of the Air –

When it comes, the Landscape listens –
Shadows – hold their breath –
When it goes, 'tis like the Distance
On the look of Death –

✦

Visitantes, só os melhores;
Por ocupação, só isto:
Abrir amplamente minhas mãos estreitas
Para agarrar o paraíso.

◆

Há uma certa obliquidade
Na luz das tardes hibernais,
Que oprime feito o peso
Dos cânticos, nas catedrais.

Com celeste golpe nos fere
E não lhe achamos a cicatriz,
Apenas uma diferença interna,
Lá, onde jazem os sentidos.

Inalterável, essa luz
É signo de desesperança;
É aflição majestosa
Dos altos ares baixando.

Quando chega, fica atenta a paisagem
E não mais respiram as sombras;
Quando parte, é como a distância
Que no olhar da morte se encontra.

◆

Four Trees – upon a solitary Acre –
Without Design
Or Order, or Apparent Action –
Maintain –

The Sun – upon a Morning meets them –
The Wind –
No nearer Neighbor – have they –
But God –

The Acre gives them – Place –
They – Him – Attention of Passer by –
Of Shadow, or of Squirrel, haply –
Or Boy –

What Deed is Theirs unto the General Nature –
What Plan
They severally – retard – or further –
Unknown –

◆

Forbidden Fruit a flavor has
The lawful Orchards mocks –
How luscious lies within the Pod
The Pea that Duty locks –

◆

Quatro árvores num campo solitário –
Sem desígnio,
Ordem ou ação visível –
Dominam.

O sol as encontra pela manhã –
O vento.
Não têm vizinho tão próximo
Quanto Deus –

O campo lhes dá espaço
E recebe, em troca, atenção peregrina
De uma sombra, de um esquilo talvez,
Ou de um menino –

À Natureza, o que oferecem?
Que projeto
Respectivamente apressam ou retardam?
Desconhece-se.

◆

O fruto proibido tem um aroma,
Que desdenha dos pomares legais –
Quão deliciosa jaz na vagem
A ervilha pelo dever enclausurada –

◆

Many cross the Rhine
In this cup of mine.
Sip old Frankfort air
From my brown Cigar.

◆

How good his Lava Bed,
To this laborious Boy –
Who must be up to call the World
And dress the sleepy Day –

◆

Morning is due to all –
To some – the Night –
To an imperial few –
The Auroral light.

◆

The Robin for the Crumb
Returns no syllable
But long records the Lady's name
In Silver Chronicle.

◆

Muitos cruzam o Reno
Neste cálice, que é meu
E o ar da velha Frankfurt bebericam
Em minha escura cigarrilha.

◆

Ah, como gosta de seu leito de lava
O esforçado menino,
Que precisa levantar cedo
Para chamar o mundo
E vestir o dia sonolento.

◆

A manhã se dá a todos,
A noite, para alguns poucos;
A raros afortunados,
A luz da madrugada.

◆

Para a migalha, o tordo
Não emite uma sílaba sequer;
Mas o nome da dama,
Em argêntea crônica,
Por muito tempo celebra.

◆

An Everywhere of Silver
With Ropes of Sand
To keep it from effacing
The Track called Land.

✦

His Cheek is his Biographer –
As long as he can blush
Perdition is Opprobrium –
Past that, he sins in peace –

✦

Look back on Time, with kindly eyes –
He doubtless did his best –
How softly sinks that trembling sun
In Human Nature's West –

✦

Remembrance has a Rear and Front –
'Tis something like a House –
It has a Garret also
For Refuse and the Mouse.

Besides the deepest Cellar
That ever Mason laid –

Uma extensão de prata,
Com arenosos cordames
Para impedir que se apague
Uma trilha chamada terra.

◆

O rosto é seu biógrafo –
Pelo tempo em que puder corar,
A perdição é opróbrio –
Depois, ele peca em paz.

◆

Mira o tempo que passou com olhar benevolente,
Com certeza, fez o melhor a seu alcance;
Como desce suave o sol trêmulo,
A oeste da natureza humana.

◆

A memória tem frente e fundos
Como se fosse uma casa;
Possui até mesmo um sótão
Para os refugos e ratos.

E o mais profundo porão
Que um pedreiro já tenha escavado –

Look to it by its Fathoms
Ourselves be not pursued –

◆

The Props assist the House
Until the House is built
And then the Props withdraw
And adequate, erect,
The House support itself
And cease to recollect
The Auger and the Carpenter –
Just such a retrospect
Hath the perfected Life –
A past of Plank and Nail
And slowness – then the Scaffolds drop
Affirming it a Soul.

◆

Alone, I cannot be –
For Hosts – do visit me –
Recordless Company –
Who baffle Key –

They have no Robes, nor Names –
No Almanacs – nor Climes –
But general Homes
Like Gnomes –

Há que estar atento para não ser
Por suas dimensões obsedado.

◆

Os andaimes amparam a casa
Até estar concluída
E somem, a partir daí;
A prumo e ereta,
A casa a si própria sustém
E já não mais recorda
Nem carpinteiros nem brocas –
Memória igual tem a vida
Integralmente cumprida –
Um passado de lentidão, tábuas
E pregos – caem então os cadafalsos
Afirmando-a como alma.

◆

Eu não consigo estar só,
Pois multidões me visitam –
Companhia imemorável,
Desdenhadora de chaves.

Sem dalmáticas e sem nomes,
Sem reinos nem anuários,
Têm vagos lares, porém,
Iguais aos que os gnomos têm.

Their Coming, may be known
By Couriers within –
Their going – is not –
For they're never gone –

♦

One need not be a chamber – to be Haunted –
One need not be a house –
The Brain has Corridors – surpassing
Material Place –

Far safer, of a Midnight Meeting
External Ghost –
Than its interior Confronting –
That cooler Host.

Far safer, through an Abbey gallop,
The Stones a'chase –
Than Unarmed, one's a self encounter
In lonesome Place –

Ourself behind ourself, concealed –
Should startle most –
Assassin hid in our Apartment
Be Horror's least.

Sua vinda pode ser predita
Por mensageiros internos;
Mas não sua retirada,
Porque não me deixam jamais.

◆

Para as assombrações, desnecessária é a alcova,
Desnecessária, a casa –
O cérebro tem corredores que superam
Os espaços materiais.

Mais seguro é encontrar à meia-noite
Um fantasma,
Que enfrentar, internamente,
Aquele hóspede mais pálido.

Mais seguro é galopar cruzando um cemitério
Por pedras tumulares ameaçado,
Que, ausente a lua, encontrar-se a si mesmo
Em desolado espaço.

O "eu", por trás de nós oculto,
É muito mais assustador,
E um assassino escondido em nosso quarto,
Dentre os horrores, é o menor.

The Body – borrows a Revolver –
He bolts the Door,
O'erlooking a superior spectre –
Or more –

◆

That sacred Closet when you sweep –
Entitled "Memory" –
Select a reverential Broom –
And do it silently.

'Twill be a Labor of surprise –
Besides Identity
Of other Interlocutors
A probability –

August the Dust of that Domain –
Unchallenged – let it lie –
You cannot supersede itself
But it can silence you –

◆

To One denied to drink
To tell what Water is
Would be acuter, would it not
Than letting Him surmise?

O homem prudente leva consigo uma arma
E cerra os ferrolhos da porta,
Sem perceber um outro espectro,
Mais íntimo e maior.

◆

Ao varrer o sagrado desvão
Denominado Memória,
Escolhe uma vassoura reverente
E faz em silêncio o teu trabalho.

Será um labor de surpresas –
Além da própria identidade,
Outros interlocutores
São uma possibilidade.

Nesses domínios é nobre a poeira,
Deixa que repouse intocada –
Não tens como removê-la,
Mas ela pode silenciar-te.

◆

Dizer o que é a água
Àquele impedido de bebê-la,
Seria mais arguto – não? –
Do que deixá-lo depreender.

To lead Him to the Well
And let him hear it drip
Remind Him, would it not, somewhat
Of His condemned lip?

✦

The Doomed – regard the Sunrise
With different Delight –
Because – when next it burns abroad
They doubt to witness it –

The Man – to die – tomorrow –
Harks for the Meadow Bird –
Because its Music stirs the Axe
That clamors for his head –

Joyful – to whom the Sunrise
Precedes Enamored – Day –
Joyful – for whom the Meadow Bird
Has ought but Elegy!

✦

We lose – because we win –
Gamblers – recollecting which
Toss their dice again!

✦

Conduzi-lo à nascente
E deixá-lo ouvir o gotejar,
De algum modo o lembraria – não? –
De seu lábio condenado.

◆

Os condenados miram a aurora
Com diferenciado prazer –
Pois, quando ao longe tornar a luzir,
Duvidam que possam vê-la.

O homem, que há de morrer amanhã,
Ao rouxinol do prado faz-se atento,
Pois seu trinar comove o machado
Sequioso de sua cabeça.

Feliz daquele, que a enamorada
Aurora precede – o dia!
Feliz daquele para quem
O rouxinol canta, sem cantar elegias.

◆

Perdemos, porque ganhamos –
Sabendo disso, os jogadores
Lançam seus dados de novo!

◆

Success is counted sweetest
By those who ne'er succeed.
To comprehend a nectar
Requires sorest need.

Not one of all the purple Host
Who took the Flag today
Can tell the definition
So clear of Victory

As he defeated – dying –
On whose forbidden ear
The distant strains of triumph
Burst agonized and clear!

◆

Drama's Vitalest Expression is the Common Day
That arise and set about Us –
Other Tragedy

Perish in the Recitation –
This – the best enact
When the Audience is scattered
And the Boxes shut –

"Hamlet" to Himself were Hamlet –
Had not Shakespeare wrote –

A vitória é o bem mais querido
Por aqueles que jamais vencem.
Para se compreender um néctar,
Requer-se necessidade intensa.

Ninguém da purpúrea hoste,
Que hoje empunhou o estandarte,
Oferece da Vitória
Definição mais cabal

Do que o derrotado agonizante,
Em cujo ouvido interditado
O distante clangor do triunfo
Explode torturante e claro!

◆

Do Drama, a mais viva expressão é o dia comum,
Que nasce e morre à nossa vista;
Diversamente, a Tragédia,

Ao ser recitada, se dissipa
E é melhor encenada
Quando o público se dispersa
E a bilheteria é fechada.

"Hamlet" seria Hamlet,
Inda que Shakespeare não o criasse,

Though the "Romeo" left no Record
Of his Juliet,

It were infinite enacted
In the Human Heart —
Only Theatre recorded
Owner cannot shut —

◆

You cannot put a Fire out —
A Thing that can ignite
Can go, itself, without a Fan —
Upon the slowest Night —

You cannot fold a Flood —
And put it in a Drawer —
Because the Winds would find it out —
And tell your Cedar Floor —

◆

Pain — has an Element of Blank —
It cannot recollect
When it begun — or if there were
A time when it was not —

E "Romeu", embora sem mais lembranças
De sua Julieta,

Seria perpetuamente encenado
No coração humano –
Único teatro que, sabidamente,
O proprietário não consegue fechar.

◆

Não tens como apagar um incêndio –
Coisas que são inflamáveis
Podem queimar por si, sem vento,
Ao longo da noite mais calma.

Não tens como dobrar as águas,
Nem guardá-las na gaveta –
Pois os ventos o descobririam –
E contariam a teu soalho de cedro.

◆

A dor tem um elemento em branco
E já não consegue lembrar
Quando começou, nem se houve um tempo
Em que não existia.

It has no Future – but itself –
Its Infinite contain
Its Past – enlightened to perceive
New Periods – of Pain.

◆

When One has given up One's life
The parting with the rest
Feels easy, as when Day lets go
Entirely the West

The Peaks, that lingered last
Remain in Her regret
As scarcely as the Iodine
upon the Cataract.

◆

After great pain, a formal feeling comes –
The Nerves sit ceremonious, like Tombs –
The stiff Heart questions was it He, that bore,
And Yesterday, or Centuries before?

The Feet, mechanical, go round –
Of Ground, or Air, or Ought –
A Wooden way
Regardless grown,

Não tem futuro, só a si mesma;
Seu infinito carrega
Seu passado, instruído a perceber
Renovados períodos de dor.

◆

Depois de renunciar à vida,
É tão fácil dizer adeus ao resto
Quanto é fácil ao dia deixar perder-se
Inteiramente o oeste.

Os picos, últimos a sumir,
Em seu pesar duram tão pouco
Quanto n'água da cascata
Os cristais de iodo.

◆

Depois de imensa dor, segue-se um sentimento
      formal –
Os nervos, feito lápides, severos –
Hirto, o coração se pergunta se, de fato, a suportou
Há séculos ou se foi ontem apenas?

Os pés andam mecanicamente em círculo –
Pelo chão, no ar, por onde for –
Uma trilha tosca,
Aberta ao acaso;

A Quartz contentment, like a stone –

This is the Hour of Lead –
Remembered, if outlived,
As Freezing persons, recollect the Snow –
First – Chill – then Stupor – then the letting go –

◆

The Heart has narrow Banks
It measures like the Sea
In mighty – unremitting Bass
And Blue Monotony

Till Hurricane bisect
And as itself discerns
Its insufficient Area
The Heart convulsive learns

That Calm is but a Wall
Of unattempted Gauze
An instant's Push demolishes
A Questioning – dissolves.

◆

Uma serenidade de quartzo, como têm as pedras –

Essa é a hora de chumbo –
Que se relembra, se superada,
Como alguém enregelado recorda a neve:
Primeiro, o frio – depois, o torpor – e, então, o
                deixar-se ir –

◆

O coração tem bordas estreitas
E, feito o mar, se mensura
Por um poderoso baixo contínuo
E monotonia azul

Até que um furacão o seccione
E, enquanto descobre
Seu insuficiente espaço,
Aprende em convulsões

Que a calmaria é tão só muralha
De intocada gaze:
A pressão de um instante a destrói,
Um questionamento a esgarça.

◆

The Bee is not afraid of me.
I know the Butterfly.
The pretty people in the Woods
Receive me cordially –

The Brooks laugh louder when I come –
The Breezes madder play;
Wherefore mine eye thy silver mists,
Wherefore, Oh Summer's Day?

✦

Long Years apart – can make no
Breach a second cannot fill –
The absence of the Witch does not
Invalidate the spell –

The embers of a Thousand Years
Uncovered by the Hand
That fondled them when they were Fire
Will stir and understand –

✦

A little Snow was here and there
Disseminated in her Hair –
Since she and I had met and played
Decade had gathered to Decade –

De mim não tem medo a abelha.
A borboleta eu conheço.
A bela gente dos bosques
Me recebe cordialmente.

Se chego, riem mais alto os regatos,
Brinca a brisa mais travessa;
Por que então, olhos meus, vossa névoa de prata?
Ó claro dia estival, por quê?

◆

A separação por longos anos não cava
Brecha que em instantes não se preencha;
A ausência da feiticeira
Não invalida o encantamento.

As milenares cinzas
Remexidas pela mão,
Que as atiçou quando eram chama,
Haverão de acordar e compreenderão.

◆

Havia, aqui e ali, um pouco de neve
Por seu cabelo disseminada –
Desde o dia em que ela e eu nos conhecemos,
Uma década à outra se somara.

But Time had added not obtained
Impregnable the Rose
For summer too indelible
Too obdurate for Snows —

♦

I envy Seas, whereon He rides —
I envy Spokes of Wheels
Of Chariots, that Him convey —
I envy Crooked Hills

That gaze upon His journey —
How easy All can see
What is forbidden utterly
As Heaven — unto me!

I envy Nests of Sparrows —
That dot His distant Eaves —
The wealthy Fly, upon His Pane —
The happy — happy Leaves —

That just abroad His Window
Have Summer's leave to play —
The Ear Rings of Pizarro
Could not obtain for me —

Mas o tempo a fez mais forte e não prevaleceu
À rosa inexpugnável –
Para o estio, por demais indelével,
Com as neves, implacável.

◆

Invejo os mares, onde ele navega –
Invejo as rodas e os aros
Das carruagens, que o levam –
Invejo as colinas encurvadas

De sua jornada, testemunhas –
Todas as coisas podem mirar
O que me é proibido
Como o céu, que me é fechado!

Invejo os ninhos das corruíras,
Que pontuam seus distantes beirais –
Em sua vidraça, a opulenta mosca –
As tão felizes ramagens,

Que frente à sua janela
Têm permissão do estio para brincar –
O que nem os brincos de Pizarro
Poderiam me proporcionar.

I envy Light – that wakes Him –
And Bells – that boldly ring
To tell Him it is Noon, abroad –
Myself – be Noon to Him –

Yet interdict – my Blossom –
And abrogate – my Bee –
Lest Noon in Everlasting Night –
Drop Gabriel – and Me –

✦

I had not minded – Walls –
Were Universe – one Rock –
And far I heard his silver Call
The other side the Block –

I'd tunnel – till my Groove
Pushed sudden thro' to his –
Then my face take her Recompense –
The looking in his Eyes –

But 'tis a single Hair –
A filament – a law –
A Cobweb – wove in Adamant –
A Battlement – of Straw –

Invejo a luz, que o desperta
E os sinos que soam irreverentes
E lhe dizem que, além, a meio vai o dia –
Mas que o seu meio-dia sou eu;

Interdita, porém, é minha florada
E se aniquila a minha abelha –
Para que o dia pleno não precipite
A mim e a meu anjo em noite eterna.

✦

Muralhas não me impediriam,
Se fosse rocha o universo
E eu ouvisse sua voz de prata
A chamar do outro lado da pedra.

Cavaria até que meu túnel
Ao seu de repente chegasse,
Teria então minha recompensa –
Deter-me no seu olhar.

Mas existe um quase nada,
Um filamento, uma lei,
Teia em diamante urdida,
Ou palha trançada em ameia –

A limit like the Veil
Unto the Lady's face –
But every Mesh – a Citadel –
And Dragons – in the Crease –

◆

I see thee better – in Dark –
I do not need a Light –
The Love of Thee – a Prism be –
Excelling Violet –

I see thee better for the Years
That hunch themselves between –
The Miner's Lamp – sufficient be –
To nullify the Mine –

And in the Grave – I see Thee best –
Its little Panels be
Aglow – All ruddy – with the Light
I held so high, for Thee –

What need of Day –
To Those whose Dark – hath so – surpassing Sun –
It deem it be – Continually –
At the Meridian?

◆

É um limite igual ao véu
Por sobre o rosto da dama –
Mas cada dobra é um fortim
Com dragões por entre a renda.

◆

Vejo-te melhor no escuro,
A luz me é desnecessária –
Meu amor por ti é um prisma
Que o violeta ultrapassa.

Vejo-te melhor pelos anos
Que entre nós fazem curvas –
Do mineiro, basta a lâmpada
Para que a mina se anule.

E bem melhor te verei na tumba:
Suas estreitas galerias
Acesas serão – e rubras – com a luz
Que tão alta para ti tenho mantido.

Que utilidade há no dia
Para quem, em sua treva,
Um sol possui tão imenso
Fadado a pairar no Meridiano continuamente?

◆

'Tis customary as we part
A trinket — to confer —
It helps to stimulate the faith
When Lovers be afar —

'Tis various — as the various taste —
Clematis — journeying far —
Presents me with a single Curl
Of her Electric Hair —

◆

All the letters I can write
Are not fair as this —
Syllables of Velvet —
Sentences of Plush,
Depths of Ruby, undrained,
Hid, Lip, for Thee —
Play it were a Humming Bird —
And just sipped — me —

◆

My Life had stood — a Loaded Gun —
In Corners — till a Day
The Owner passed — identified —
And carried Me away —

É costume, em despedidas,
Oferecer uma lembrança,
O que ajuda a preservar o laço,
Quando distantes os que se amam.

Varia a lembrança, pois o gosto é vário –
Clematis me oferece,
Ao partir em longa jornada,
Um caracol de seu cabelo elétrico.

◆

Nenhuma das cartas
Que eu escreva
É tão bela quanto esta –
Sílabas de veludo,
Sentenças de terciopelo,
Profundezas de rubi não drenadas
Escondidas num beijo para ti;
Faz de conta que esta é um beija-flor
Que ainda há pouco me sugou.

◆

Minha vida, uma arma carregada,
Ficou pelos cantos até o dia
Em que o dono passou e, ao reconhecer-me,
Levou-me dali consigo.

And now We roam in Sovereign Woods –
And now We hunt the Doe –
And every time I speak for Him –
The Mountains straight reply –

And do I smile, such cordial light
Upon the Valley glow –
It is as a Vesuvian face
Had let its pleasure through –

And when at Night – our good Day done –
I guard My Master's Head –
'Tis better than the Eider-Duck's
Deep Pillow – to have shared –

To foe of His – I'm deadly foe –
None stir the second time –
On whom I lay a Yellow Eye –
Or an emphatic Thumb –

Though I than He – may longer live
He longer must – than I –
For I have but the power to kill,
Without – the power to die –

✦

Agora, vagueamos por régios bosques
E damos caça ao cervo;
E sempre que por meu amo falo,
Os montes respondem céleres.

Se eu sorrio, uma luz tão calorosa
Rebrilha por sobre o vale
Como se a face de um Vesúvio
Seu prazer deixasse vazar.

E, cumprido mais um dia, estar à noite
Em guarda à cabeceira de meu mestre
É melhor que partilhar
Um farto travesseiro de penas.

De seu inimigo, mortal inimiga sou
E, ao que insiste em afrontá-lo,
Oponho um olho amarelo
Ou um polegar enfático.

Embora mais que ele, talvez eu viva,
Mais que eu deveria ele viver;
Pois tenho tão só o poder de matar,
Não me é dado o poder de morrer.

◆

Whether they have forgotten
Or are forgetting now
Or never remembered –
Safer not to know –

Miseries of conjecture
Are a softer woe
Than a Fact of Iron
hardened with I know –

◆

In Ebon Box, when years have flown
To reverently peer,
Wiping away the velvet dust
Summers have sprinkled there!

To hold a letter to the light –
Grown Tawny now, with time –
To con the faded syllables
That quickened us like Wine!

Perhaps a Flower's shrivelled cheek
Among its stores to find –
Plucked far away, some morning –
By gallant – mouldering hand!

Se acaso já esqueceram,
Ou estão agora esquecendo,
Ou se jamais relembraram –
Melhor é não saber.

As misérias da conjetura
São uma dor mais amena
Do que um fato de ferro
Endurecido por "Eu sei".

◆

Examinar, reverente, uma caixa de ébano
Depois de passados os anos;
Remover o aveludado pó
Ali deixado pelos verões.

Trazer, sob a luz, uma carta
Pelo tempo esmaecida,
Perscrutar a letra pálida
Que nos aqueceu, feito vinho.

Entre os guardados talvez se encontrem
A corola fanada de uma flor,
Colhida por mão nobre e fértil
Certa manhã, muito longe,

A curl, perhaps, from foreheads
Our Constancy forgot –
Perhaps, an Antique trinket –
In vanished fashions set!

And then to lay them quiet back –
And go about its care –
As if the little Ebon Box
Were none of our affair!

◆

Not probable – The barest Chance –
A smile too few – a word too much
And far from Heaven as the Rest –
The Soul so close on Paradise –

What if the Bird from journey far –
Confused by Sweets – as Mortals – are –
Forget the secret of His wing
And perish – but a Bough between –
Oh, Groping feet –
Oh Phantom Queen!

◆

Ou caracóis de frontes,
Por nossa constância olvidadas;
Talvez um antiquado adorno
Em perdidas vestes usado.

Depois, tornar a guardar essas coisas
E voltar aos afazeres,
Como se a pequena caixa de ébano
Não nos dissesse respeito.

◆

Improvável, sem a menor chance –
Um sorriso muito parco, uma palavra excessiva
E longe dos céus, como o resto –
A alma, tão próxima do Paraíso –

E se após longa jornada a ave,
Por amores confundida como ocorre aos mortais,
Esquece o segredo de sua asa
E, com apenas um ramo interposto, perece?
Ó, os errantes pés,
Ó, espectral rainha!

◆

Me from Myself – to banish –
Had I Art –
Impregnable my Fortress
Unto All Heart –

But since Myself – assault Me –
How have I peace
Except by subjugating
Consciousness?

And since We're mutual Monarch
How this be
Except by Abdication –
Me – of Me?

◆

A shady friend – for Torrid days –
Is easier to find –
Than one of higher temperature
For Frigid – hour of Mind –

The Vane a little to the East –
Scares Muslin souls – away –
If Broadcloth Hearts are firmer –
Than those of Organdy –

Who is to blame? The Weaver?
Ah, the bewildering thread!

Banir a mim de mim mesma,
Tivera eu esse dom!
Inexpugnável fosse a minha fortaleza,
Ante toda audácia.

Uma vez, porém, que eu mesma me assalto,
Como terei paz
A não ser sujeitando
A consciência?

E desde que somos monarcas um para o outro,
Como poderei alcançá-lo
A não ser abdicando
De mim mesma?

◆

É mais fácil encontrar
Um amigo que é sombra para os dias quentes,
Do que algum outro, caloroso,
Para as horas frias da mente.

Voltado um tanto para o leste, o catavento
Põe em fuga as almas de musselina;
E se mais firmes são os corações de seda
Do que os feitos de organdi,

A quem culpar? Ao tecelão?
Ó os enganadores fios!

The Tapestries of Paradise
So notelessly – are made!

✦

Sweet hours have perished here;
This is a mighty room;
Within its precincts hopes have played, –
Now shadows in the tomb.

✦

I felt a Funeral, in my Brain,
And Mourners to and fro
Kept treading – treading – till it seemed
That Sense was breaking through –

And when they all were seated,
A Service, like a Drum –
Kept beating – beating – till I thought
My Mind was going numb –

And then I heard them lift a Box
And creak across my Soul
With those same Boots of Lead, again,
Then Space – began to toll,

As all the Heavens were a Bell,
And Being, but an Ear,

No paraíso, as alfombras
Têm urdidura invisível.

◆

Horas felizes aqui pereceram,
Este é um poderoso recinto;
Em seus espaços brincaram esperanças –
Hoje sombras, tão só, no jazigo.

◆

Senti exéquias em meu cérebro
E, agitando-se, carpideiras
A pisar o solo, a pisar
Até que o senso pareceu irromper.

E, quando todas se aquietaram,
De um rito, o tambor
Passou a ressoar e pensei
Que a minha mente entrava em torpor.

Ouvi então erguerem um esquife
E cruzarem a minha alma
Com as mesmas botas de chumbo a ranger;
O espaço agora começou a soar

Como se os céus um sino fossem
E o ser nada mais que um ouvido,

And I, and Silence, some strange Race
Wrecked, solitary, here –

And then a Plank in Reason, broke,
And I dropped down, and down –
And hit a World, at every plunge,
And Finished knowing – then –

◆

As far from pity, as complaint –
As cool to speech – as stone –
As numb to Revelation
As if my Trade were Bone –

As far from Time – as History –
As near yourself – Today –
As Children, to the Rainbow's scarf –
Or Sunset's Yellow play

To eyelids in the Sepulchre –
How dumb the Dancer lies –
While Color's Revelations break –
And blaze – the Butterflies!

◆

E eu e o silêncio, uma estranha raça
Aniquilada e solitária, aqui;

E logo uma tábua na razão quebrou-se
E fui caindo, caindo,
E, na queda, atingia mundos
E acabei por saber – então –

◆

Tão longe da compaixão quanto a queixa;
Tão frio às palavras quanto a pedra;
Tão insensível à Revelação
Como se meu ofício fosse nada.

Tão longe do tempo quanto a História;
Tão perto de ti estou, agora,
Quanto as crianças estão da echarpe do arco-íris
Ou o tremeluzir dourado do crepúsculo,

Das pálpebras sob a lápide;
Como jaz silente quem dançava,
Enquanto epifanias de cor irrompem
E as borboletas abrasam!

◆

It came at last but prompter Death
Had occupied the House –
His pallid Furniture arranged
And his metallic Peace –

Oh faithful Frost that kept the Date
Had Love as punctual been
Delight had aggrandized the Gate
And blocked the coming in.

◆

Truth – is as old as God –
His Twin identity
And will endure as long as He
A Co-Eternity –

And perish on the Day
Himself is borne away
From Mansion of the Universe
A lifeless Deity.

◆

The Soul selects her own Society –
Then – shuts the Door –
On her divine Majority –
Present no more.

Ele chegou afinal, mais ágil porém a Morte
Havia ocupado a casa:
A pálida mobília já disposta,
Junto com sua paz metálica –

Ó fiel geada, que observaste a data!
Tivesse o Amor sido tão pontual,
A alegria teria feito mais alto o portão
E bloqueado sua entrada.

◆

Tão antiga quanto Deus,
A Verdade é Sua identidade gêmea
E, assim como Ele, suportará
Uma coeternidade.

E haverá de perecer no dia
Em que Deus, carregado, sair
Da mansão universal
Como divindade sem vida.

◆

A alma escolhe sua companhia
E fecha a porta, depois.
Em sua augusta suficiência,
Cessam as intromissões.

Unmoved – she notes the Chariots – pausing –
Art her low Gate –
Unmoved – an Emperor is kneeling
Upon her Mat –

I've known her – from an ample nation –
Choose One –
Then – close the Valves of her attention –
Like Stone –

◆

All overgrown with cunning moss,
All interspersed with weed,
The little cage of "Currer Bell",
In quiet "Haworth" laid.

This bird, observing others,
When frosts too sharp became,
Retire to other latitudes,
Quietly did the same,

But differed in returning;
Since Yorkshire hills are green,
Yet not in all nests I meet,
Can nightingale be seen.

Indiferente, vê as carruagens
Parando junto ao portão;
Indiferente, um rei de joelhos
Sobre suas alfombras.

Sei que, dentre uma vasta multidão,
Ela escolheu um ser apenas;
Depois, cerrou as aldravas de sua atenção,
Feito pedra.

◆

Toda coberta de insidioso musgo,
De espinheiros, toda inçada,
A pequena gaiola de Currer Bell*
Na tranquila Haworth** jaz.

Essa ave ao ver que as outras,
Quando a geada se fez cortante,
Migravam para novas latitudes,
Imitou-as simplesmente,

Mas diverso foi seu retorno;
Em Yorkshire, embora verdes as colinas,
A cotovia não se acha
Em todos os ninhos.

---
* Pseudônimo de Charlotte Brontë.

** Vilarejo inglês, onde as irmãs Brontë produziram a sua obra.

Gathered from many wanderings –
Gethsemane can tell
Through what transporting anguish
She reached the Asphodel!

Soft fall the sounds of Eden
Upon her puzzled ear –
Oh, what an afternoon for Heaven,
When "Brontë" entered there!

◆

The Gentian weaves her fringes –
The Maple's loom is red –
My departing blossoms
Obviate parade.

A brief, but patient illness –
An hour to prepare,
And one below this morning
Is where the angels are –
It was a short procession,
The Bobolink was there –
An aged Bee addressed us –
And then we nelt in prayer –
We trust that she was willing –
We ask that we may be.
Summer – Sister – Seraph!
Let us go with thee!

Pois que em seu vaguear o soube,
Getsêmani pode contar
A imensa extasiada angústia
Com que ela atingiu a flor mortal.

Suaves caem os sons do Éden
Em seu ouvido absorto –
Ó que entardecer no céu,
Quando Brontë lá chegou!

◆

A genciana tece suas franjas,
Rubra está a copa dos bordos;
As flores do meu adeus
Antecipam o cortejo.

Um mal breve, mas paciente;
Os aprestos, rápidos,
E alguém entre nós pela manhã
Com os anjos agora está;
Foi pequena a procissão,
Fez-se presente a narceja,
Uma abelha anciã nos saudou
E então oramos de joelhos;
Confiamos que estivesse pronta,
Para nós, rogamos a graça de estar –
Irmã – estio – arcanjo!
Permite-nos te acompanhar!

In the name of the Bee –
And of the Butterfly –
And of the Breeze – Amen!

✦

The World – feels Dusty
When We stop to Die –
We want the Dew – then –
Honors – taste dry –

Flags – vex a Dying face –
But the least Fan
Stirred by a friend's Hand –
Cools – like the Rain –

Mine be the Ministry
When thy Thirst comes –
And Hybla Balms –
Dews of Thessaly, to fetch –

✦

On this long storm the Rainbow rose –
On this late Morn – the Sun –
The clouds – like listless Elephants –
Horizons – straggled down –

Em nome da abelha –
Da borboleta –
E da brisa – Amém!

◆

Empoeirado se mostra o mundo,
Ao nos determos para morrer;
Queremos, então, o orvalho –
As homenagens têm sabor seco.

Os pendões afligem um rosto agonizante,
Porém o mais prosaico leque,
Movido por mão amiga,
Feito chuva nos refresca.

Que minha seja a missão,
Quando tua sede chegar,
De trazer os bálsamos de Hybla
E os rocios da Tessália.

◆

Ergueu-se o arco-íris, após longa tormenta –
Nesta manhã tardia, o sol;
Como indolentes elefantes, as nuvens
Andam dispersas pelo horizonte.

The Birds rose smiling, in their nests –
The gales – indeed – were done –
Alas, how heedless were the eyes –
On whom the summer shone!

The quiet nonchalance of death –
No Daybreak – can bestir –
The slow – Archangel's syllables
Must awaken *her*!

✦

I never lost as much but twice,
And that was in the sod.
Twice have I stood a beggar
Before the door of God!

Angels – twice descending
Reimbursed my store –
Burglar! Banker – Father!
I am poor once more!

✦

We Cover Thee – Sweet Face –
Not that We tire of Thee –
But that Thyself fatigue of Us –
Remember – as Thou go –

Alegres despertam, nos ninhos, os pássaros –
O vento, é certo, amainou;
Mas – ai! – quão desatentos os olhos
Em que o verão rebrilhou!

A calma indiferença da morte
Por nenhuma aurora se abala –
Sílabas do lento arcanjo
É que devem despertá-la.

◆

Por duas vezes tudo perdi
E deram-se no solo as perdas;
Por duas vezes me vi mendiga
Ante as portas de Deus.

Por duas vezes desceram os anjos
E compensaram meus suprimentos.
Ladrão, banqueiro, pai!
Estou pobre mais uma vez.

◆

Nós te cobrimos rosto amado,
Não por estarmos de ti fatigados,
Mas porque cansaste de nós;
Lembra, enquanto partes,

We follow Thee until
Thou notice Us – no more –
And then – reluctant – turn away
To Con Thee o'er and o'er –

And blame the scanty love
We were Content to show –
Augmented – Sweet – a Hundred fold –
If Thou would'st take it – now –

◆

How the Waters closed above Him
We shall never know –
How He stretched His Anguish to us
That – is covered too –

Spreads the Pond Her Base of Lilies
Bold above the Boy
Whose unclaimed Hat and Jacket
Sum the History –

◆

If I should cease to bring a Rose
Upon a festal day,
'Twill be because *beyond* the Rose
I have been called away –

Que te seguimos
Até que nos percebas – não mais –
E retornaremos então, relutantes,
Para sempre relembrar-te

E denunciar o insuficiente amor
Que nos bastava demonstrar-te –
Amor tão mais intenso, agora,
Se quiseras aceitá-lo.

◆

Como as águas o engolfaram,
Jamais saberemos;
Como espalmou-nos sua angústia,
Também ficou submerso.

Absorto, o lago estendeu seu lençol de nenúfares
Por sobre o menino;
E seu casaco e chapéu, não reclamados,
Resumem a história.

◆

Se eu não mais ostentar uma rosa
Em dias de festival,
Será porque, para *além* da rosa,
Fui chamada a retornar.

If I should cease to take the names
My buds commemorate –
'Twill be because *Death's* finger
Claps my murmuring lip!

◆

I died for Beauty – but was scarce
Adjusted in the Tomb
When One who died for Truth, was lain
In an adjoining Room –

He questioned softly "Why I failed"?
"For Beauty", I replied –
"And I – for Truth – Themself are One –
We Brethren, are", He said –

And so, as Kinsmen, met a Night –
We talked between the Rooms –
Until the Moss had reached our lips –
And covered up – our names –

◆

Where I have lost, I softer tread –
I sow sweet flower from garden bed –
I pause above that vanished head
And mourn.

Se eu não mais disser os nomes,
Por minhas flores celebrados,
Será porque os dedos *da morte*
Cerraram meu balbuciante lábio.

◆

Morri pela beleza, mas estava apenas
No sepulcro acomodada
Quando alguém que pela verdade morrera
Foi posto na tumba ao lado.

Perguntou-me, baixinho, o que me matara:
"A Beleza", respondi.
"A mim, a Verdade – são ambas a mesma coisa,
Somos irmãos."

E assim, como parentes que certa noite se encontram,
Conversamos de jazigo a jazigo,
Até que o musgo alcançou nossos lábios
E cobriu os nossos nomes.

◆

Ali, onde a perda ocorreu, piso com mais cuidado –
Flores de jardim aí semeio,
Detenho-me junto à fronte tombada
E choro.

Whom I have lost, I pious guard
From accent harsh, or ruthless word –
Feeling as if their pillow heard,
Though stone!

When I have lost, you'll know by this –
A Bonnet black – A dusk surplice –
A little tremor in my voice
Like this!

Why, I have lost, the people know
Who dressed in frocks of purest snow
Went home a century ago
Next Bliss!

✦

I like a look of Agony,
Because I know it's true –
Men do not sham Convulsion,
Nor simulate, a Throe –

The Eyes glaze once – and that is Death –
Impossible to feign
The Beads upon the Forehead
By homely Anguish strung.

✦

A quem perdi docemente protejo
De um som mais áspero ou palavra dura,
Como se seu travesseiro escutasse,
Sendo pedra, embora.

Quando ocorreu a perda, saberás
Por meu chapéu negro, a crepuscular casula
E um leve tremor, assim,
Na voz.

Por que a perdi, sabe a gente
Que, em vestes da mais pura neve,
Rumou para casa faz um século
E é feliz, agora.

◆

Fascina-me um olhar em agonia,
Por saber que é verdadeiro:
Não se fingem convulsões,
Nem simula-se uma dor.

Descem brumas sobre os olhos –
– É a Morte – impossível falsear
As contas, pela cruel angústia,
Na fronte alinhadas feito um colar.

◆

Dropped into the Ether Acre –
Wearing the Sod Gown –
Bonnet of Everlasting Laces –
Brooch – frozen on –

Horses of Blonde – and Coach of Silver –
Baggage a strapped Pearl –
Journey of Down – and Whip of Diamond –
Riding to meet the Earl –

◆

How soft this Prison is
How sweet these sullen bars
No Despot but the King of Down
Invented this repose

Of Fate if this is All
Has he no added Realm
A Dungeon but a Kinsman is
Incarceration – Home.

◆

Safe in their Alabaster Chambers –
Untouched by Morning –
And untouched by Noon –
Lie the meek members of the Resurrection –
Rafter of Satin – and Roof of Stone!

Deposta no etéreo campo,
Vestida com manto de leivas;
Véu de rendas eternas,
Regelado broche, ao peito.

Louros cavalos, caleça de prata,
A bagagem, um nácar fechado;
Jornada de névoas, diamantino relho,
Rodando ao encontro do rei.

◆

É tão acolhedor este cárcere,
Sua grade escura, tão branda –
Foi o Rei das Sombras, não um déspota,
O inventor deste descanso.

Se o Destino só isso oferece
Sem um reino acrescentar,
A prisão decerto é parenta,
O encarceramento – lar.

◆

Seguros, em suas alcovas de alabastro,
Intocados pela manhã
E intocados pela tarde,
Jazem os silentes membros da Ressurreição,
Sob traves de cetim e tetos de pedra.

Grand go the Years – in the Crescent – above them –
Worlds scoop their Arcs –
And Firmaments – row –
Diadems – drop – and Doges – surrender –
Soundless as dots – on a Disc of Snow –

✦

The earth has many keys.
Where melody is not
Is the unknown peninsula.
Beauty is nature's fact.

But, witness for her land,
And witness for her sea,
The cricket is her utmost
Of elegy to me.

✦

Acima, no Crescente, passam os anos majestosos,
Mundos escavam seus arcos
E movem-se firmamentos,
Tombam coroas e rendem-se Doges,
Sem ruído, feito pontos num círculo de neve.

◆

Tem muitas claves a terra.
Lá, onde a melodia se ausenta,
Fica a desconhecida península.
A beleza é fruto da Natureza.

Mas, testemunha de seu solo
E testemunha de seu mar,
O grilo é a maior elegia
Que a Natureza me faz.

◆

CRONOLOGIA

1830, 10 de dezembro – Emily Dickinson nasce em Amherst, Massachusetts, segunda de um grupo de três filhos nascidos de Edward Dickinson e Emily Norcross. O pai, advogado de renome na cidadezinha; a mãe, dona de casa.

1847 – E. D. estuda na Amherst Academy, escola com um vasto programa composto por disciplinas como: Latim, Francês, Alemão, História Religiosa, Ciências Naturais, Composição Literária e Botânica, entre outras.

1847-1848 – Viaja para South Hadley, onde se matricula no Mount Holyhoke Female Seminary. Nessa escola para moças, E. D. estuda Gramática, Química, Álgebra, Astronomia, Fisiologia e Retórica. Alegando motivos de saúde, deixa a instituição, retornando para a casa paterna. Inicia, por essa época, suas primeiras incursões na criação poética.

1852 – E. D. publica, pela primeira vez, no periódico *Springfield Republican*, por insistência do editor, amigo da família.

– O pai de Emily se torna congressista, em Washington.

1853 – Morre Ben Newton, advogado e intelectual,

amigo de Emily e que sempre a incentivara em seu ofício de poeta. Ela entra em crise depressiva.

1854 – Com o pai e a irmã Lavinia, viaja para Washington e Filadélfia. Aí conhece o pastor Charles Wadsworth, ao qual dedicará intenso afeto pelo resto da vida. Esse amor secreto e desesperançado parece não ter sido do conhecimento de Wadsworth.

1855 – Edward Dickinson termina seu mandato no Congresso e retorna, definitivamente, para Amherst.

1856 – Austin, irmão de Emily, casa com Susan Gilbert, amiga da poeta desde os tempos de colégio.

1858 – Passa a reunir sua produção em cadernos ou fascículos, que ela mesma costura. Esses cadernos tornaram-se a principal fonte para o estabelecimento de uma cronologia, ainda que insegura, de seus poemas.

1860 – O pastor Wadsworth lhe faz uma visita, que não teria ultrapassado algumas poucas horas, à tarde.

1861 – Começa a Guerra de Secessão; Emily publica no *Springfield Republican* o poema *I taste a Liquor Never Brewed*.

1862 – O reverendo Wadsworth muda-se para a Califórnia, onde passará a pregar na Calvary Church.

– Publica *Safe in their Alabaster Chambers* no

mesmo jornal onde ocorreram as duas outras publicações.

– E. D. entra em nova crise de depressão.

– Envia alguns poemas ao editor e poeta Thomas W. Higginson e pede-lhe uma opinião crítica.

1864 – Publica *Some keep the Sabbath going to Church* e *Blazing in Gold and Quenching in Purple*, em dois jornais diferentes.

1866 – Publica *A Narrow Fellow in the Grass*, também em periódico.

1870 – Recebe, pela primeira vez, a visita de Thomas W. Higginson.

1873 – Recebe a segunda e última visita de Higginson.

1874 – O pai de Emily morre de infarto.

1875 – Sua mãe sofre um derrame.

1876 – Recebe, pela primeira vez, a visita de Helen H. Jackson, poeta e admiradora de seus poemas; Helen a incentiva a publicar.

1878 – Publica, incentivada por Helen H. Jackson, o poema *Success is counted Sweetest*.

1880 – Segunda visita do Rev. Wadsworth.
– Morte da mãe.

1883 a 1885 – Morrem Helen H. Jackson, o menino Gilbert, sobrinho de E. D., e o juiz Otis Lord, antigo amigo da família e, segundo algumas fontes, interessado em casar com Emily.

– Ainda nesse ano, sofre nova crise depressiva.

1886 – No início de maio, Emily escreve um lacônico bilhete de despedida para suas primas: "Fui chamada a retornar. / Emily".

1886, 15 do mesmo mês – Morte de Emily Dickinson.

1890, 1891, 1896 – Primeiras publicações póstumas, organizadas e "corrigidas" por Thomas W. Higginson e Mabel L. Todd.

1894 – Publicação da correspondência da poeta, em edição organizada por Mabel L. Todd.

1951 – Seguem as tentativas de classificação de sua obra, já iniciadas em décadas anteriores.
– Surge a primeira biografia da poeta, assinada por Rebecca Patterson, e que se intitula *The Riddle of Emily Dickinson*.
– A crítica especializada segue buscando situar e classificar a poesia de Emily.

1955 – Sai a primeira edição da obra completa de Emily, organizada e coordenada por Thomas H. Johnson. São 1.775 poemas ao todo.
– Seguem-se, a partir daí, novas biografias, como *My Wars are Laid Away in Books*, de Alfred Habbeger, e incontáveis estudos acadêmicos bem como vídeos, filmes e peças de teatro inspirados na vida e obra da poeta.

BIBLIOGRAFIA

Todd, Mabel Loomis; Higginson, T. W. *Collected Poems of Emily Dickinson*. New York: Gramercy, 1982.

Johnson, Thomas. *The Complete Poems of Emily Dickinson*. New York: Little Brown and Co., s. d.

CONTENTS

The Grass so little has to do – 16
There are two Ripenings – one – of sight 18
There is a June when Corn is cut 18
The morns are meeker than they were – 20
Purple – 20
These are the days when Birds come back – 22
The name – of it – is "Autumn" – 24
There is an arid Pleasure – 24
Besides the Autumn poets sing 26
The day grew small, surrounded tight 26
It sifts from Leaden Sieves – 28
When Diamonds are a Legend, ...30
The Spider holds a Silver Ball 30
The butterfly obtains 32
His Feet are shod with Gauze – 32
Some such Butterfly be seen 34
A Moth the hue of this 34
Through the Dark Sod – as Education – 34
Its little Ether Hood 36
The Red – Blaze – is the Morning – 36
How lonesome the Wind must feel Nights – 38
I think that the Root of the Wind is Water – 38
The Lightning is a yellow Fork 40
"Morning" – means "Milking" – to the Farmer – 40
I was a Phoebe – nothing more – 42
Talk not to me of Summer Trees 42
As if the Sea should part 42
There is a Zone whose even Years 44

Índice de primeiros versos

Bem pouco a fazer tem o pasto: 17
Há duas maturações – uma visível –, ...19
Há certo mês de junho em que se corta o trigo....... 19
As manhãs estão mais suaves, ...21
Púrpura –..21
Eis os dias em que voltam os pássaros – 23
Conhecido por "outono", ...25
Existe um árido prazer 25
Além do outono, os poetas cantam..........................27
Ficou mais breve o dia, limitado 27
Filtrada por crivos de chumbo, ...29
Quando os diamantes são mito................................31
A aranha traz uma bola de prata 31
A borboleta desfruta 33
Calçados de bruma estão seus pés –........................33
Certa borboleta pode ser vista 35
Mariposas desta cor 35
Como disciplina, ...35
Em sua fronte se assenta 37
Rubra queimada é a manhã – 37
À noite, como deve sentir-se solitário o vento 39
Creio que é de água a raiz do vento, ...39
O raio é um garfo amarelo, ...41
"Manhã" significa "ordenha" para o granjeiro – 41
Eu fui um pintassilgo, nada mais; 43
Não me fales de árvores estivais 43
Se o mar, uma vez rasgado, ...43
Há uma zona de plácidos anos.................................45

I dwell in Possibility –	44
There's a certain Slant of light,	46
Four Trees – upon a solitary Acre –	48
Forbidden Fruit a flavor has	48
Many cross the Rhine	50
How good his Lava Bed,	50
Morning is due to all –	50
The Robin for the Crumb	50
An Everywhere of Silver	52
His Cheek is his Biographer –	52
Look back on Time, with kindly eyes –	52
Remembrance has a Rear and Front –	52
The Props assist the House	54
Alone, I cannot be –	54
One need not be a chamber – to be Haunted –	56
That sacred Closet when you sweep –	58
To One denied to drink	58
The Doomed – regard the Sunrise	60
We lose – because we win –	60
Success is counted sweetest	62
Drama's Vitallest Expression is the Common Day	62
You cannot put a Fire out –	64
Pain – has an Element of Blank –	64
When One has given up One's life	66
After great pain, a formal feeling comes –	66
The Heart has narrow Banks	68
The Bee is not afraid of me.	70
Long Years apart – can make no	70
A little Snow was here and there	70
I envy Seas, whereon He rides –	72
I had not minded – Walls –	74

Moro na possibilidade, ...45
Há uma certa obliquidade 47
Quatro árvores num campo solitário – 49
O fruto proibido tem um aroma,..................................49
Muitos cruzam o Reno 51
Ah, como gosta de seu leito de lava 51
A manhã se dá a todos,..51
Para a migalha, o tordo..51
Uma extensão de prata,..53
O rosto é seu biógrafo –..53
Mira o tempo que passou com olhar benevolente,......53
A memória tem frente e fundos 53
Os andaimes amparam a casa 55
Eu não consigo estar só,...55
Para as assombrações, desnecessária é a alcova, ...57
Ao varrer o sagrado desvão 59
Dizer o que é a água 59
Os condenados miram a aurora....................................61
Perdemos, porque ganhamos – 61
A vitória é o bem mais querido 63
Do Drama, a mais viva expressão é o dia comum, ..63
Não tens como apagar um incêndio – 65
A dor tem um elemento em branco.............................65
Depois de renunciar à vida,...67
Depois de imensa dor, segue-se um sentimento for-
    mal –..67
O coração tem bordas estreitas 69
De mim não tem medo a abelha. 71
A separação por longos anos não cava.......................71
Havia, aqui e ali, um pouco de neve 71
Invejo os mares onde ele navega – 73
Muralhas não me impediriam, ...75

I see thee better – in Dark –	76
'Tis customary as we part	78
All the letters I can write	78
My Life had stood – a Loaded Gun –	78
Whether they have forgotten	82
In Ebon Box, when years have flown	82
Not probable – The barest Chance –	84
Me from Myself – to banish –	86
A shady friend – for Torrid days –	86
Sweet hours have perished here;	88
I felt a Funeral, in my Brain,	88
As far from pity, as complaint –	90
It came at last but prompter Death	92
Truth – is as old as God –	92
The Soul selects her own Society –	92
All overgrown with cunning moss,	94
The Gentian weaves her fringes –	96
The World – feels Dusty	98
On this long storm the Rainbow rose –	98
I never lost as much but twice,	100
We Cover Thee – Sweet Face –	100
How the Waters closed above Him	102
If I should cease to bring a Rose	102
I died for Beauty – but was scarce	104
Where I have lost, I softer tread –	104
I like a look of Agony,	106
Dropped into the Ether Acre –	108
How soft this Prison is	108
Safe in their Alabaster Chambers –	108
The earth has many keys	110

Vejo-te melhor no escuro,..77
É costume, em despedidas,......................................79
Nenhuma das cartas 79
Minha vida, uma arma carregada, ...79
Se acaso já esqueceram, ...83
Examinar, reverente, uma caixa de ébano..............83
Improvável, sem a menor chance – 85
Banir a mim de mim mesma,...................................87
É mais fácil encontrar 87
Horas felizes aqui pereceram, ...89
Senti exéquias em meu cérebro 89
Tão longe da compaixão quanto a queixa;.............91
Ele chegou afinal, mais ágil porém a Morte 93
Tão antiga quanto Deus,...93
A alma escolhe sua companhia 93
Toda coberta de insidioso musgo, ...95
A genciana tece suas franjas,...................................97
Empoeirado se mostra o mundo,............................99
Ergueu-se o arco-íris, após longa tormenta – 99
Por duas vezes tudo perdi 101
Nós te cobrimos rosto amado, ...101
Como as águas o engolfaram,................................103
Se eu não mais ostentar uma rosa.........................103
Morri pela beleza, mas estava apenas...................105
Ali, onde a perda ocorreu, piso com mais cuidado – 105
Fascina-me um olhar em agonia, ...107
Deposta no etéreo campo,......................................109
É tão acolhedor este cárcere, ...109
Seguros, em suas alcovas de alabastro, ...109
Tem muitas claves a terra. 111

Coleção L&PM POCKET

1000. **Diários de Andy Warhol (1)** – Editado por Pat Hackett
1001. **Diários de Andy Warhol (2)** – Editado por Pat Hackett
1002. **Cartier-Bresson: o olhar do século** – Pierre Assouline
1003. **As melhores histórias da mitologia: vol. 1** – A.S. Franchini e Carmen Seganfredo
1004. **As melhores histórias da mitologia: vol. 2** – A.S. Franchini e Carmen Seganfredo
1005. **Assassinato no beco** – Agatha Christie
1006. **Convite para um homicídio** – Agatha Christie
1008. **História da vida** – Michael J. Benton
1009. **Jung** – Anthony Stevens
1010. **Arsène Lupin, ladrão de casaca** – Maurice Leblanc
1011. **Dublinenses** – James Joyce
1012. **120 tirinhas da Turma da Mônica** – Mauricio de Sousa
1013. **Antologia poética** – Fernando Pessoa
1014. **A aventura de um cliente ilustre** *seguido de* **O último adeus de Sherlock Holmes** – Sir Arthur Conan Doyle
1015. **Cenas de Nova York** – Jack Kerouac
1016. **A corista** – Anton Tchékhov
1017. **O diabo** – Leon Tolstói
1018. **Fábulas chinesas** – Sérgio Capparelli e Márcia Schmaltz
1019. **O gato do Brasil** – Sir Arthur Conan Doyle
1020. **Missa do Galo** – Machado de Assis
1021. **O mistério de Marie Rogêt** – Edgar Allan Poe
1022. **A mulher mais linda da cidade** – Bukowski
1023. **O retrato** – Nicolai Gogol
1024. **O conflito** – Agatha Christie
1025. **Os primeiros casos de Poirot** – Agatha Christie
1027(25). **Beethoven** – Bernard Fauconnier
1028. **Platão** – Julia Annas
1029. **Cleo e Daniel** – Roberto Freire
1030. **Til** – José de Alencar
1031. **Viagens na minha terra** – Almeida Garrett
1032. **Profissões para mulheres e outros artigos feministas** – Virginia Woolf
1033. **Mrs. Dalloway** – Virginia Woolf
1034. **O cão da morte** – Agatha Christie
1035. **Tragédia em três atos** – Agatha Christie
1037. **O fantasma da Ópera** – Gaston Leroux
1038. **Evolução** – Brian e Deborah Charlesworth
1039. **Medida por medida** – Shakespeare
1040. **Razão e sentimento** – Jane Austen
1041. **A obra-prima ignorada** *seguido de* **Um episódio durante o Terror** – Balzac
1042. **A fugitiva** – Anaïs Nin
1043. **As grandes histórias da mitologia greco-romana** – A. S. Franchini
1044. **O corno de si mesmo & outras historietas** – Marquês de Sade
1045. **Da felicidade** *seguido de* **Da vida retirada** – Sêneca
1046. **O horror em Red Hook e outras histórias** – H. P. Lovecraft
1047. **Noite em claro** – Martha Medeiros
1048. **Poemas clássicos chineses** – Li Bai, Du Fu e Wang Wei
1049. **A terceira moça** – Agatha Christie
1050. **Um destino ignorado** – Agatha Christie
1051(26). **Buda** – Sophie Royer
1052. **Guerra Fria** – Robert J. McMahon
1053. **Simons's Cat: as aventuras de um gato travesso e comilão – vol. 1** – Simon Tofield
1054. **Simons's Cat: as aventuras de um gato travesso e comilão – vol. 2** – Simon Tofield
1055. **Só as mulheres e as baratas sobreviverão** – Claudia Tajes
1057. **Pré-história** – Chris Gosden
1058. **Pintou sujeira!** – Mauricio de Sousa
1059. **Contos de Mamãe Gansa** – Charles Perrault
1060. **A interpretação dos sonhos: vol. 1** – Freud
1061. **A interpretação dos sonhos: vol. 2** – Freud
1062. **Frufru Rataplã Dolores** – Dalton Trevisan
1063. **As melhores histórias da mitologia egípcia** – Carmem Seganfredo e A.S. Franchini
1064. **Infância. Adolescência. Juventude** – Tolstói
1065. **As consolações da filosofia** – Alain de Botton
1066. **Diários de Jack Kerouac – 1947-1954**
1067. **Revolução Francesa – vol. 1** – Max Gallo
1068. **Revolução Francesa – vol. 2** – Max Gallo
1069. **O detetive Parker Pyne** – Agatha Christie
1070. **Memórias do esquecimento** – Flávio Tavares
1071. **Drogas** – Leslie Iversen
1072. **Manual de ecologia (vol.2)** – J. Lutzenberger
1073. **Como andar no labirinto** – Affonso Romano de Sant'Anna
1074. **A orquídea e o serial killer** – Juremir Machado da Silva
1075. **Amor nos tempos de fúria** – Lawrence Ferlinghetti
1076. **A aventura do pudim de Natal** – Agatha Christie
1078. **Amores que matam** – Patricia Faur
1079. **Histórias de pescador** – Mauricio de Sousa
1080. **Pedaços de um caderno manchado de vinho** – Bukowski
1081. **A ferro e fogo: tempo de solidão (vol.1)** – Josué Guimarães
1082. **A ferro e fogo: tempo de guerra (vol.2)** – Josué Guimarães
1084(17). **Desembarcando o Alzheimer** – Dr. Fernando Lucchese e Dra. Ana Hartmann
1085. **A maldição do espelho** – Agatha Christie
1086. **Uma breve história da filosofia** – Nigel Warburton
1088. **Heróis da História** – Will Durant
1089. **Concerto campestre** – L. A. de Assis Brasil

1090. **Morte nas nuvens** – Agatha Christie
1092. **Aventura em Bagdá** – Agatha Christie
1093. **O cavalo amarelo** – Agatha Christie
1094. **O método de interpretação dos sonhos** – Freud
1095. **Sonetos de amor e desamor** – Vários
1096. **120 tirinhas do Dilbert** – Scott Adams
1097. **200 fábulas de Esopo**
1098. **O curioso caso de Benjamin Button** – F. Scott Fitzgerald
1099. **Piadas para sempre: uma antologia para morrer de rir** – Visconde da Casa Verde
1100. **Hamlet (Mangá)** – Shakespeare
1101. **A arte da guerra (Mangá)** – Sun Tzu
1104. **As melhores histórias da Bíblia (vol.1)** – A. S. Franchini e Carmen Seganfredo
1105. **As melhores histórias da Bíblia (vol.2)** – A. S. Franchini e Carmen Seganfredo
1106. **Psicologia das massas e análise do eu** – Freud
1107. **Guerra Civil Espanhola** – Helen Graham
1108. **A autoestrada do sul e outras histórias** – Julio Cortázar
1109. **O mistério dos sete relógios** – Agatha Christie
1110. **Peanuts: Ninguém gosta de mim... (amor)** – Charles Schulz
1111. **Cadê o bolo?** – Mauricio de Sousa
1112. **O filósofo ignorante** – Voltaire
1113. **Totem e tabu** – Freud
1114. **Filosofia pré-socrática** – Catherine Osborne
1115. **Desejo de status** – Alain de Botton
1118. **Passageiro para Frankfurt** – Agatha Christie
1120. **Kill All Enemies** – Melvin Burgess
1121. **A morte da sra. McGinty** – Agatha Christie
1122. **Revolução Russa** – S. A. Smith
1123. **Até você, Capitu?** – Dalton Trevisan
1124. **O grande Gatsby (Mangá)** – F. S. Fitzgerald
1125. **Assim falou Zaratustra (Mangá)** – Nietzsche
1126. **Peanuts: É para isso que servem os amigos (amizade)** – Charles Schulz
1127.(27). **Nietzsche** – Dorian Astor
1128. **Bidu: Hora do banho** – Mauricio de Sousa
1129. **O melhor do Macanudo Taurino** – Santiago
1130. **Radicci 30 anos** – Iotti
1131. **Show de sabores** – J.A. Pinheiro Machado
1132. **O prazer das palavras** – vol. 3 – Cláudio Moreno
1133. **Morte na praia** – Agatha Christie
1134. **O fardo** – Agatha Christie
1135. **Manifesto do Partido Comunista (Mangá)** – Marx & Engels
1136. **A metamorfose (Mangá)** – Franz Kafka
1137. **Por que você não se casou... ainda** – Tracy McMillan
1138. **Textos autobiográficos** – Bukowski
1139. **A importância de ser prudente** – Oscar Wilde
1140. **Sobre a vontade na natureza** – Arthur Schopenhauer
1141. **Dilbert (8)** – Scott Adams
1142. **Entre dois amores** – Agatha Christie
1143. **Cipreste triste** – Agatha Christie
1144. **Alguém viu uma assombração?** – Mauricio de Sousa
1145. **Mandela** – Elleke Boehmer
1146. **Retrato do artista quando jovem** – James Joyce
1147. **Zadig ou o destino** – Voltaire
1148. **O contrato social (Mangá)** – J.-J. Rousseau
1149. **Garfield fenomenal** – Jim Davis
1150. **A queda da América** – Allen Ginsberg
1151. **Música na noite & outros ensaios** – Aldous Huxley
1152. **Poesias inéditas & Poemas dramáticos** – Fernando Pessoa
1153. **Peanuts: Felicidade é...** – Charles M. Schulz
1154. **Mate-me por favor** – Legs McNeil e Gillian McCain
1155. **Assassinato no Expresso Oriente** – Agatha Christie
1156. **Um punhado de centeio** – Agatha Christie
1157. **A interpretação dos sonhos (Mangá)** – Freud
1158. **Peanuts: Você não entende o sentido da vida** – Charles M. Schulz
1159. **A dinastia Rothschild** – Herbert R. Lottman
1160. **A Mansão Hollow** – Agatha Christie
1161. **Nas montanhas da loucura** – H.P. Lovecraft
1162.(28). **Napoleão Bonaparte** – Pascale Fautrier
1163. **Um corpo na biblioteca** – Agatha Christie
1164. **Inovação** – Mark Dodgson e David Gann
1165. **O que toda mulher deve saber sobre os homens: a afetividade masculina** – Walter Riso
1166. **O amor está no ar** – Mauricio de Sousa
1167. **Testemunha de acusação & outras histórias** – Agatha Christie
1168. **Etiqueta de bolso** – Celia Ribeiro
1169. **Poesia reunida (volume 3)** – Affonso Romano de Sant'Anna
1170. **Emma** – Jane Austen
1171. **Que seja um segredo** – Ana Miranda
1172. **Garfield sem apetite** – Jim Davis
1173. **Garfield: Foi mal...** – Jim Davis
1174. **Os irmãos Karamázov (Mangá)** – Dostoiévski
1175. **O Pequeno Príncipe** – Antoine de Saint-Exupéry
1176. **Peanuts: Ninguém mais tem o espírito aventureiro** – Charles M. Schulz
1177. **Assim falou Zaratustra** – Nietzsche
1178. **Morte no Nilo** – Agatha Christie
1179. **Ê, soneca boa** – Mauricio de Sousa
1180. **Garfield a todo o vapor** – Jim Davis
1181. **Em busca do tempo perdido (Mangá)** – Proust
1182. **Cai o pano: o último caso de Poirot** – Agatha Christie
1183. **Livro para colorir e relaxar** – Livro 1
1184. **Para colorir sem parar**
1185. **Os elefantes não esquecem** – Agatha Christie
1186. **Teoria da relatividade** – Albert Einstein
1187. **Compêndio da psicanálise** – Freud
1188. **Visões de Gerard** – Jack Kerouac
1189. **Fim de verão** – Mohiro Kitoh
1190. **Procurando diversão** – Mauricio de Sousa
1191. **E não sobrou nenhum e outras peças** – Agatha Christie
1192. **Ansiedade** – Daniel Freeman & Jason Freeman

1193. **Garfield: pausa para o almoço** – Jim Davis
1194. **Contos do dia e da noite** – Guy de Maupassant
1195. **O melhor de Hagar 7** – Dik Browne
1196(29). **Lou Andreas-Salomé** – Dorian Astor
1197(30). **Pasolini** – René de Ceccatty
1198. **O caso do Hotel Bertram** – Agatha Christie
1199. **Crônicas de motel** – Sam Shepard
1200. **Pequena filosofia da paz interior** – Catherine Rambert
1201. **Os sertões** – Euclides da Cunha
1202. **Treze à mesa** – Agatha Christie
1203. **Bíblia** – John Riches
1204. **Anjos** – David Albert Jones
1205. **As tirinhas do Guri de Uruguaiana 1** – Jair Kobe
1206. **Entre aspas (vol.1)** – Fernando Eichenberg
1207. **Escrita** – Andrew Robinson
1208. **O spleen de Paris: pequenos poemas em prosa** – Charles Baudelaire
1209. **Satíricon** – Petrônio
1210. **O avarento** – Molière
1211. **Queimando na água, afogando-se na chama** – Bukowski
1212. **Miscelânea septuagenária: contos e poemas** – Bukowski
1213. **Que filosofar é aprender a morrer e outros ensaios** – Montaigne
1214. **Da amizade e outros ensaios** – Montaigne
1215. **O medo à espreita e outras histórias** – H.P. Lovecraft
1216. **A obra de arte na era de sua reprodutibilidade técnica** – Walter Benjamin
1217. **Sobre a liberdade** – John Stuart Mill
1218. **O segredo de Chimneys** – Agatha Christie
1219. **Morte na rua Hickory** – Agatha Christie
1220. **Ulisses (Mangá)** – James Joyce
1221. **Ateísmo** – Julian Baggini
1222. **Os melhores contos de Katherine Mansfield** – Katherine Mansfield
1223(31). **Martin Luther King** – Alain Foix
1224. **Millôr Definitivo: uma antologia de *A Bíblia do Caos*** – Millôr Fernandes
1225. **O Clube das Terças-Feiras e outras histórias** – Agatha Christie
1226. **Por que sou tão sábio** – Nietzsche
1227. **Sobre a mentira** – Platão
1228. **Sobre a leitura *seguido do* Depoimento de Céleste Albaret** – Proust
1229. **O homem do terno marrom** – Agatha Christie
1230(32). **Jimi Hendrix** – Franck Médioni
1231. **Amor e amizade e outras histórias** – Jane Austen
1232. **Lady Susan, Os Watson e Sanditon** – Jane Austen
1233. **Uma breve história da ciência** – William Bynum
1234. **Macunaíma: o herói sem nenhum caráter** – Mário de Andrade
1235. **A máquina do tempo** – H.G. Wells
1236. **O homem invisível** – H.G. Wells
1237. **Os 36 estratagemas: manual secreto da arte da guerra** – Anônimo
1238. **A mina de ouro e outras histórias** – Agatha Christie
1239. **Pic** – Jack Kerouac
1240. **O habitante da escuridão e outros contos** – H.P. Lovecraft
1241. **O chamado de Cthulhu e outros contos** – H.P. Lovecraft
1242. **O melhor de Meu reino por um cavalo!** – Edição de Ivan Pinheiro Machado
1243. **A guerra dos mundos** – H.G. Wells
1244. **O caso da criada perfeita e outras histórias** – Agatha Christie
1245. **Morte por afogamento e outras histórias** – Agatha Christie
1246. **Assassinato no Comitê Central** – Manuel Vázquez Montalbán
1247. **O papai é pop** – Marcos Piangers
1248. **O papai é pop 2** – Marcos Piangers
1249. **A mamãe é rock** – Ana Cardoso
1250. **Paris boêmia** – Dan Franck
1251. **Paris libertária** – Dan Franck
1252. **Paris ocupada** – Dan Franck
1253. **Uma anedota infame** – Dostoiévski
1254. **O último dia de um condenado** – Victor Hugo
1255. **Nem só de caviar vive o homem** – J.M. Simmel
1256. **Amanhã é outro dia** – J.M. Simmel
1257. **Mulherzinhas** – Louisa May Alcott
1258. **Reforma Protestante** – Peter Marshall
1259. **História econômica global** – Robert C. Allen
1260(33). **Che Guevara** – Alain Foix
1261. **Câncer** – Nicholas James
1262. **Akhenaton** – Agatha Christie
1263. **Aforismos para a sabedoria de vida** – Arthur Schopenhauer
1264. **Uma história do mundo** – David Coimbra
1265. **Ame e não sofra** – Walter Riso
1266. **Desapegue-se!** – Walter Riso
1267. **Os Sousa: Uma família do barulho** – Mauricio de Sousa
1268. **Nico Demo: O rei da travessura** – Mauricio de Sousa
1269. **Testemunha de acusação e outras peças** – Agatha Christie
1270(34). **Dostoiévski** – Virgil Tanase
1271. **O melhor de Hagar 8** – Dik Browne
1272. **O melhor de Hagar 9** – Dik Browne
1273. **O melhor de Hagar 10** – Dik e Chris Browne
1274. **Considerações sobre o governo representativo** – John Stuart Mill
1275. **O homem Moisés e a religião monoteísta** – Freud
1276. **Inibição, sintoma e medo** – Freud
1277. **Além do princípio de prazer** – Freud
1278. **O direito de dizer não!** – Walter Riso

1279. **A arte de ser flexível** – Walter Riso
1280. **Casados e descasados** – August Strindberg
1281. **Da Terra à Lua** – Júlio Verne
1282. **Minhas galerias e meus pintores** – Kahnweiler
1283. **A arte do romance** – Virginia Woolf
1284. **Teatro completo v. 1: As aves da noite** *seguido de* **O visitante** – Hilda Hilst
1285. **Teatro completo v. 2: O verdugo** *seguido de* **A morte do patriarca** – Hilda Hilst
1286. **Teatro completo v. 3: O rato no muro** *seguido de* **Auto da barca de Camiri** – Hilda Hilst
1287. **Teatro completo v. 4: A empresa** *seguido de* **O novo sistema** – Hilda Hilst
1289. **Fora de mim** – Martha Medeiros
1290. **Divã** – Martha Medeiros
1291. **Sobre a genealogia da moral: um escrito polêmico** – Nietzsche
1292. **A consciência de Zeno** – Italo Svevo
1293. **Células-tronco** – Jonathan Slack
1294. **O fim do ciúme e outros contos** – Proust
1295. **A jangada** – Júlio Verne
1296. **A ilha do dr. Moreau** – H.G. Wells
1297. **Ninho de fidalgos** – Ivan Turguêniev
1298. **Jane Eyre** – Charlotte Brontë
1299. **Sobre gatos** – Bukowski
1300. **Sobre o amor** – Bukowski
1301. **Escrever para não enlouquecer** – Bukowski
1302. **222 receitas** – J. A. Pinheiro Machado
1303. **Reinações de Narizinho** – Monteiro Lobato
1304. **O Saci** – Monteiro Lobato
1305. **Memórias da Emília** – Monteiro Lobato
1306. **O Picapau Amarelo** – Monteiro Lobato
1307. **A reforma da Natureza** – Monteiro Lobato
1308. **Fábulas** *seguido de* **Histórias diversas** – Monteiro Lobato
1309. **Aventuras de Hans Staden** – Monteiro Lobato
1310. **Peter Pan** – Monteiro Lobato
1311. **Dom Quixote das crianças** – Monteiro Lobato
1312. **O Minotauro** – Monteiro Lobato
1313. **Um quarto só seu** – Virginia Woolf
1314. **Sonetos** – Shakespeare
1315. (35). **Thoreau** – Marie Berthoumieu e Laura El Makki
1316. **Teoria da arte** – Cynthia Freeland
1317. **A arte da prudência** – Baltasar Gracián
1318. **O louco** *seguido de* **Areia e espuma** – Khalil Gibran
1319. **O profeta** *seguido de* **O jardim do profeta** – Khalil Gibran
1320. **Jesus, o Filho do Homem** – Khalil Gibran
1321. **A luta** – Norman Mailer
1322. **Sobre o sofrimento do mundo e outros ensaios** – Schopenhauer
1323. **Epidemiologia** – Rodolfo Sacacci
1324. **Japão moderno** – Christopher Goto-Jones
1325. **A arte da meditação** – Matthieu Ricard
1326. **O adversário secreto** – Agatha Christie
1327. **Pollyanna** – Eleanor H. Porter
1328. **Espelhos** – Eduardo Galeano
1329. **A Vênus das peles** – Sacher-Masoch
1330. **O 18 de brumário de Luís Bonaparte** – Karl Marx
1331. **Um jogo para os vivos** – Patricia Highsmith
1332. **A tristeza pode esperar** – J.J. Camargo
1333. **Vinte poemas de amor e uma canção desesperada** – Pablo Neruda
1334. **Judaísmo** – Norman Solomon
1335. **Esquizofrenia** – Christopher Frith & Eve Johnstone
1336. **Seis personagens em busca de um autor** – Luigi Pirandello
1337. **A Fazenda dos Animais** – George Orwell
1338. **1984** – George Orwell
1339. **Ubu Rei** – Alfred Jarry
1340. **Sobre bêbados e bebidas** – Bukowski
1341. **Tempestade para os vivos e para os mortos** – Bukowski
1342. **Complicado** – Natsume Ono
1343. **Sobre o livre-arbítrio** – Schopenhauer
1344. **Uma breve história da literatura** – John Sutherland
1345. **Você fica tão sozinho às vezes que até faz sentido** – Bukowski
1346. **Um apartamento em Paris** – Guillaume Musso
1347. **Receitas fáceis e saborosas** – José Antonio Pinheiro Machado
1348. **Por que engordamos** – Gary Taubes
1349. **A fabulosa história do hospital** – Jean-Noël Fabiani
1350. **Voo noturno** *seguido de* **Terra dos homens** – Antoine de Saint-Exupéry
1351. **Doutor Sax** – Jack Kerouac
1352. **O livro do Tao e da virtude** – Lao-Tsé
1353. **Pista negra** – Antonio Manzini
1354. **A chave de vidro** – Dashiell Hammett
1355. **Martin Eden** – Jack London
1356. **Já te disse adeus, e agora, como te esqueço?** – Walter Riso
1357. **A viagem do descobrimento** – Eduardo Bueno
1358. **Náufragos, traficantes e degredados** – Eduardo Bueno
1359. **Retrato do Brasil** – Paulo Prado
1360. **Maravilhosamente imperfeito, escandalosamente feliz** – Walter Riso
1361. **É...** – Millôr Fernandes
1362. **Duas tábuas e uma paixão** – Millôr Fernandes
1363. **Selma e Sinatra** – Martha Medeiros
1364. **Tudo que eu queria te dizer** – Martha Medeiros
1365. **Várias histórias** – Machado de Assis
1366. **A sabedoria do Padre Brown** – G. K. Chesterton
1367. **Capitães do Brasil** – Eduardo Bueno
1368. **O falcão maltês** – Dashiell Hammett
1369. **A arte de estar com a razão** – Arthur Schopenhauer
1370. **A visão dos vencidos** – Miguel León-Portilla

lepmeditores
www.lpm.com.br
o site que conta tudo

IMPRESSÃO:

PALLOTTI
GRÁFICA

Santa Maria - RS | Fone: (55) 3220.4500
www.graficapallotti.com.br